AF377804

NOUVEAU TRAITÉ

PHYSIQUE ET ÉCONOMIQUE,

PAR FORME DE DISSERTATIONS,

DE TOUTES LES PLANTES QUI CROISSENT SUR LA SURFACE DU GLOBE;

FAISANT LA QUATRIEME PARTIE

DE L'HISTOIRE GÉNÉRALE ET ÉCONOMIQUE

DES TROIS RÈGNES DE LA NATURE.

NOUVEAU TRAITÉ PHYSIQUE ET ÉCONOMIQUE,

PAR FORME DE DISSERTATIONS,

DE TOUTES LES PLANTES QUI CROISSENT SUR LA SURFACE DU GLOBE;

CONTENANT leurs noms botaniques et triviaux dans toutes les Langues, leurs classes, leurs familles, leurs genres et leurs especes, les endroits où on les trouve le plus communément, leur culture; les animaux auxquels elles peuvent servir de nourriture; leurs analyses chymiques, la maniere de les employer pour nos alimens, tant solides que liquides, leurs propriétés, non-seulement pour la Médecine des hommes, mais encore pour celle des animaux; les doses et la maniere de les formuler; les différens usages pour lesquels on peut s'en servir pour les Arts et Métiers, et notamment pour l'ornement et la décoration de nos Jardins.

Ouvrage orné de planches exactement coloriées d'après nature, et dessinées par les meilleurs Maîtres sur les plantes les plus rares des différens Jardins de l'Europe et des principaux Herbiers, et d'après la magnifique collection des plantes déposées dans le Cabinet des Estampes à la Bibliothèque nationale.

PAR JOSEPH-PIERRE BUC'HOZ, connu par l'histoire naturelle de Lorraine et des trois Évêchés, qu'il a publiée en 13 volumes, avec l'approbation de la faculté de médecine de Pont-à-Mousson, du college de Rouen, et de Spielman, professeur de botanique à Strasbourg; par la formation du jardin des plantes de Nancy, auquel il a coopéré; par les cours de botanique et les herborisations qu'il a faites aux environs de cette ville; par les soins gratuits qu'il a apportés au soulagement des pauvres malades du même endroit; par un journal auquel il a travaillé pendant environ 12 ans, sur l'agriculture et par les progrès de cet art, auquel il a contribué; par les différens ouvrages économiques qu'il a mis au jour, sur lesquels d'Alembert a porté un jugement des plus favorables, disant que c'etoient là les seuls vrais livres utiles; par les différens remédes, dont il a donné les procédés pour la guérison des maladies les plus désespérées, entr'autres par deux machines fumigatoires pour les maladies de poitrine, dont la découverte est consignée dans les mémoires de l'académie de chirurgie; par les différens voyages qu'il a fait à ses frais et à pied, dans les différens départemens de la République, pour connoître les diverses productions des trois règnes et par l'histoire naturelle des animaux, des végétaux, des minéraux, et des fontaines minérales de la France, qu'il a mis le premier au jour, au nombre de 14 volumes in-8°. petit romain, sous les titres de *Dictionnaire vétérinaire, et des animaux domestiques, de Dictionnaire des plantes, arbres et arbustes*, approuvé par la faculté de médecine de Paris, et de *Dictionnaire minéralogique et hydrologique de la France*; par les plantes nouvellement découvertes, qu'il a fait graver le premier; par son histoire universelle du régne végétal, ouvrage honoré de l'aprobation de l'académie des sciences, comme le premier en ce genre, et néanmoins l'origine de ses malheurs; par les différens voyages qu'il a fait par toute l'Europe, pour y ramasser les matériaux propres à cette histoire générale et économique des trois règnes, entreprise digne d'une grande nation, dont il paroît déjà 45 volumes in-folio, avec 1500 planches coloriées, et dont ce volume fait le 46e. par la belle collection de livres d'histoire naturelle qu'il a ramassés, par la connoissance qu'il en a donné à toute l'Europe savante, en en publiant le catalogue, et finalement par tous ses travaux, titres infiniment plus precieux pour lui, que tous ceux d'académie des sciences, de sociétés savantes, de belles lettres, etc. qui lui ont mérité celui de pensionnaire de la République.

SECONDE ÉDITION REVUE, CORRIGÉE ET AUGMENTÉE.

TOME IV.

A PARIS,

CHEZ l'Auteur, rue des Grands-Augustins, N° 26.

M. DCC. XCIV.

L'An troisième de la République Française.

B.R

Buxus Balearicus. *H. R. Trian. Le Buis des Isles Baleares.*

DISSERTATION

SUR LE BUIS,

SES DIFFÉRENTES ESPECES, PRINCIPALEMENT SUR CELUI DE MAHON; SUR SA CULTURE ET SES PROPRIÉTÉS TANT MÉDICINALES, QU'ÉCONOMIQUES ET D'ORNEMENT.

BIBLIOTHEQUE ROYALE

Le caractère de ce genre de plantes est de porter des fleurs mâles et femelles sur le même individu ; les fleurs mâles ont un calyce de trois pièces et deux petales, qu'on ne distingue bien du calyce, que parce qu'ils sont plus larges que lui. On voit entre les feuilles du calyce une masse charnue figurée en rosette, qui porte 4 étamines droites, surmontées de sommets doubles, les fleurs femelles sortent du même bouton que les mâles ; elles ont un calyce de 4 pièces, 3 petales plus grands que le calyce, et entre ces petales un pystil, formé de 3 styles fort courts, réunis par la base à l'embryon, qui est à peu près arrondi, mais relevé de 3 angles obtus; cet embryon devient une capsule presque sphérique, terminée par trois angles saillans, et qui s'ouvrant en trois avec élasticité, fait appercevoir dans son intérieur 3 loges, où sont des semences oblongues, arrondies sur un côté et plates de l'autre. Les fleurs paroissent dès le commencement du printems; les feuilles sont petites, fermes, toujours vertes, lisses, luisantes, plus ou moins longues, et plus ou moins arrondies, selon les espèces ; elles ont une odeur forte. Ce genre fait partie de la 18me classe de Tournefort, qui comprend les arbres et arbrisseaux, dont les fleurs sont à petales et attachées aux fruits, et de la 21me. classe de Linnée, destinée aux monœciques tetrandiques; cet auteur n'en admet qu'une espèce, avec différentes variétés. Lamark en admet 4 espèces: la premiere espèce, suivant lui, est le Buis de Mahon. *Buxus Balearicus nobis, et h. r. p. Buxus arboreus, foliis oblongo-ovatis, sesquipollicaribus, staminibus longissimis. Lamarck*; c'est une très-belle espèce, remarquable par la grandeur de ses feuilles, et qui s'éleve en arbre formant, à ce qu'on pré end, dans les isles Baléares des bois, qui en sont presqu'entierement composés; ses rameaux sont droits et tétragones ; ses feuilles sont opposées, un peu pétiolées, ob ongues, ovales, entieres, glabres, luisantes, coriacées, un peu fermes et longues de près d'un pouce et demi, sur 7 à 9 lignes de largeur; leur pétiole est décourrant de chaque côté, les paquets de fleurs sont gros, les étamines ont de longs filamens, qui soutiennent des anthéres linéaires. Ce beau buis croît dans les îles Baléares; j'en ai aussi trouvé des pieds aux environs de St-Claude en Franche-Comté : nous l'avons fait graver en 1776; il se trouve représenté dans notre *Histoire du Règne végétal*, partie des planches, tome 11. Décad. 6. pl. 3. et dans nos *Dons merveilleux dans le Règne végétal*, T. I pl. 32 et T. 2. pl. 110. Il craint à Paris les fortes gelées, il est cultivé dans le jardin de Trianon et dans celui des plantes de Paris.

La seconde espèce est le grand Buis des forêts, le Buis en arbre. *Buxus arborescens. Bauh. pin. 471. Tournef. 578. Miller. dict. art 1. Buxus. dod. pemp. 782. Buxus foliis ovato oblongis, versus apicem attenuatis; antheris ovatis; caule arborescente.* Lamarck. encyclo. meth. T. I. p. 511, dont il y a deux variétés, l'une à feuilles panachées de jaune ; *Buxus foliis ex luteo variegatis. Munting. pl.* 35; et l'autre à feuilles argentées, *Buxus foliis per lymbum argenteis.* Ce buis s'élève constamment en arbrisseau jusqu'à la hauteur de 12 à 16 pieds; son tronc est tordu, rameux et recouvert d'une écorce brune ou noirâtre; ses feuilles sont simples, opposées, très-entières, vont un peu en se retrécissant vers le sommet, ont une forme ovale-oblongue, et sont terminées par une pointe obtuse, qui est souvent échancrée; ses feuilles sont lisses, luisantes, d'un assez gros verd, un peu dures, les paquets des fleurs sont petits ou médiocres; les filamens des étamines n'ont que 2 lignes de longueur, et portent des anthéres ovales. Cet arbrisseau croît dans la partie méridionale de l'Europe, en Espagne, dans le Levant, sur les montagnes de la Bourgogne et de la Franche-Comté. Les variétés à feuilles panachées de jaune se trouvent gravées dans *Muntingii phytagrephia*, pl. 35.

La troisième espèce est le Buis noir d'Artois, le Buis à bordures. *Buxus suffructicosus. Linn. Buxus humilis. Dod. pemp.* 782. *Buxus foliis rotundioribus. Bauh.* 471. *Tonrn.* 579. *Chamæbuxus Tabernæmont. jc.* 1050. *Buxus foliis orbiculatis, Mill. dict.* n° 3. *Buxus humilis, foliis parvis, obovatis, caule suffructicoso. Lamarck.* Il y en a une variété à fleurs panachées.

Quoique ce buis ait de grands rapports avec celui de la seconde espèce, on l'en distingue toujours en ce qu'il ne s'élève qu'à la hauteur d'environ 3 pieds, lorsqu'on le laisse croître librement; et en ce que ses feuilles sont petites, n'ont pas un pouce de longueur, et sont plutôt ovoïdes, ou ovales arrondies, que d'une forme oblongue. Les feuilles ont une ligne blanche sur le dos, plus marquée que dans les espèces précédentes: en général ce buis est très-rameux et vient en touffes épaisses et bien garnies; il croît dans plusieurs provinces de France sur les bords des chemins, dans les lieux pierreux et incultes, autour des villages.

Lamarck en rapporte dans son encyclopédie méthodique une nouvelle espèce que nous ne connoissons pas, et dont les auteurs n'ont pas fait mention. Il nomme cette espèce Buis à feuilles de myrthe; *Buxus myrtifolia, Buxus humilis, foliis parvis, oblongis, subangustis, caule suffructicoso.* Ce buis, dit Lamarck, ne paroit pas s'élever plus que celui qui précède; et néanmoins il ne nous semble pas être une variété, son feuillage et son port étant fort différens; il ne vient point en touffes épaisses; mais sa tige s'élance comme un petit arbrisseau, et pousse des rameaux un peu lâches; ses feuilles sont petites, oblongues et même un peu étroites; la ligne blanche de la surface inférieure n'est point marquée; les paquets de fleurs sont fort petits. Quant à nous, nous pensons que cette prétendue espèce ne peut être qu'une variété; les différences qu'en rapporte Lamarck, ne nous paroissant pas suffisantes pour en constituer une espèce.

On trouve sur le buis un insecte que Linnée nomme *Chermes buxi, syst. nat. edit. XII.* 738. Ces chermes se trouvent ordinairement entre les feuilles supérieures de cet arbrisseau, qui se rapprochent pour lors et forment une espèce de coquille. Réaumur a fait graver cet insecte dans son troisième volume, pl. 29. fig. 1-4. C'est en automne qu'il se trouve communément.

Toutes les espèces de buis se plaisent particulièrement à l'ombre et sur les côteaux, exposés au nord; elles s'accomodent néanmoins de toutes sortes de terreins.

On peut multiplier le buis par la graine, qui lève dans les bois sans aucun soin: c'est la meilleure méthode pour s'en procurer et pour l'avoir beau: on sème la graine à l'ombre, dès qu'elle est mûre, et on l'arrose soigneusement pendant la séchéresse. Pour conserver les variétés rares, on en fait des marcottes et des boutures, qui prennent facilement racine. Les boutures se plantent en automne à l'ombre, et on doit les arroser souvent, jusqu'à ce qu'elles soient fortement enracinées. Quand on transplante le buis, on peut prendre indifféremment toutes sortes de saisons, excepté l'été, pourvu qu'on leve le pied bien en motte, sans quoi il ne le faut transplanter qu'en automne. Le buis se multiplie en éclatant les racines, séparant les branches et replantant clair. On donne le nom de *Trait de*

Buis, à un filet du buis nain, qui forme par une seule rangée la broderie d'un parterre et renferme les platebandes et carreaux. On tond ordinairement le buis ainsi planté, deux fois l'an, pour le faire profiter; on l'empêche de monter trop vite.

Dans l'analyse chymique, selon Barcheusen, de 5 livres de feuilles de buis, il en est sorti 3 livres, 7 onces, 6 gros, 48 grains de liqueur, d'abord limpide, d'une couleur désagréable, obscurément acide et enfin jaunâtre, empyreumatique, un peu austère et alkaline urineuse; 7 onces, 7 gros, 44 grains d'huile épaisse; la masse noire qui est restée dans la cornue pesoit 10 onces 40 grains, laquelle étant brûlée à feu ouvert, a laissé 2 onces 8 grains de cendres blanches, dont on a retiré par la lixiviation 1 gros 48 grains de sel fixe salé; la perte des parties dans la distillation a été de 6 onces 44 grains, et dans la calcination de 8 onces 42 grains. Les feuilles de buis sont amères, fétides et rougissent légerement le papier bleu; elles paroissent contenir un sel essentiel, tartareux, vitriolique, uni avec beaucoup d'huile épaisse et narcotique: on retire du buis beaucoup d'esprit acide et d'huile fétide, mais peu d'esprit urineux.

Plusieurs auteurs attribuent au buis la même vertu qu'au gayac pour les maladies vénériennes; mais l'effet n'en est pas toujours sur. Fernel prescrivoit les feuilles de cet arbrisseau comme purgatives; mais on n'en fait plus d'usage. Plusieurs prétendent que la sciure du buis est astringente et desséchante; qu'étant bouillie dans de l'eau, elle guérit le flux du ventre; et dans du vin rouge, est utile contre les maux des dents, qui proviennent de fluxion froide. L'huile qu'on tire du buis par la distillation, est noire et empyreumatique: on lui attribue une vertu narcotique et anti-spasmodique; aussi la recommande-t-on dans l'épilepsie et les maladies hystériques et spasmodiques. Quercetan accorde mille propriétés à cette huile, qui en a très-peu, et qui est même d'une puanteur insupportable; le cas, où elle convient le mieux, c'est dans les rhumatismes; on l'emploie en liniment avec l'huile de Millepertuis. Plusieurs auteurs pensent qu'elle est excellente contre les dartres et pour guérir de la gale; mais en ces cas, il faut avoir grand soin d'obvier aux mauvais effets de la rentrée des humeurs par les remèdes intérieurs et évacuans, qui auront précédé cette application; on emploie aussi cette huile pour calmer la douleur des dents: pour cet effet on imbibe d'huile de buis ce qu'il faut de coton, et on le fait entrer dans la cavité de la dent cariée. Dans les Ephémerides d'Allemagne, il est rapporté qu'une jeune paysanne, qui avoit perdu ses cheveux à la suite d'une dyssenterie maligne, les recouvra par le moyen d'une décoction de buis, dont elle se lava la tête; mais comme elle n'avoit pas eû la précaution de garantir son cou et son visage, il lui crût dans ces parties des poils roux en quantité, tandis que ses cheveux étoient châtains, ce qui la rendoit pifforme.

Quand on ordonne l'huile de buis aux épileptiques, on leur prescrit sous la formule suivante: prenez eau de pivoine 4 onces, huile de buis 10 gouttes, faites une potion.

La sciure de buis qu'on fait prendre comme dessicative aux animaux malades, s'ordonne à la dose de 2 onces sur 2 livres d'eau.

Les sculpteurs recherchent le buis, ainsi que les graveurs en bois; les luthiers en font les flûtes allemandes, les flûtes à bec, les flageolets, les anses de musette; les cordonniers ont un instrument de buis, qui leur sert à lisser les semelles et les talons des souliers, et ils le nomment *Bouis*. Les tabletiers font une grande consommation de ce bois pour les peignes et pour plusieurs autres ouvrages; les tourneurs en font des canules, nommées *Chante-pleurs* à la campagne. Ils emploient sur-tout le bois de la racine, qui est bien veiné, ils en font des tabatieres. La sciure du buis est en usage pour jetter sur l'écriture fraiche et l'empêcher de maculer; les maîtres à écrire la préférent aux poudres minérales et brillantes; les dessinateurs s'en servent pour effacer les traces de mine de plomb de dessus le papier. On peut planter du buis dans les remises, il formera une retraite commode pour le gibier, sur-tout pendant l'hyver. La seconde espèce a été fort en usage pour les palissades; on a changé à cet égard, parcequ'elle est lente à croître, et qu'elle fournit une retraite aux limaces. Dans le dictionaire œconomique, on dit que les fagots de buis peuvent écarter les charansons des greniers; les abeilles trouvent à faire leurs provisions sur les fleurs de cet arbuste.

Le buis nain est très-propre à faire des bordures et broderies dans les parterres; il ne reçoit aucun préjudice du froid ni de la chaleur; il dure long-tems, conserve sa beauté sans demander beaucoup de soin, et produit quantité de racines, qui empêchent la terre des platebandes de se répandre dans les allées. Comme cet arbuste conserve ses feuilles toujours vertes, malgré le froid le plus rigoureux, la seconde espèce avec ses deux variétés, figure très-bien dans les bosquets d'hyver. Ce buis a sur-tout l'avantage de décorer parfaitement ces endroits, dont le sol froid et stérile paroît se refuser à presque toute autre production; mais quand il pleut, les buis ont le désavantage de répandre une odeur peu agréable.

A PARIS, *Chez* BUC'HOZ, Auteur de cette Dissertation, rue des Grands-Augustins, N°. 26. Prix 3 livres 10 sols, avec plauches coloriées.

On trouve aussi, chez le même Auteur, differentes Dissertations sur la médecine, sur les animaux, les végetaux et les minéraux, ornées de Planches supérieurement enluminées.

De l'Imprim. de CHAMBON, rue des Grands Augustins, N°. 25.

Pl. CXLVI.

Ornithogallum luteum Balearicum. *Nobis. Ornithogalle jaune de Minorque.*

Pl. CXLVIII.

B.R.

Ornithogallum album Balearicum. *Nobis. Ornithogalle blanc de Minorque.*

DISSERTATION

SUR

DEUX NOUVELLES ESPECES

D'ORNITHOGALLE,

QUE NOUS AVONS FAITES GRAVER LES PREMIERS, ET QUI NOUS VIENNENT L'UNE ET L'AUTRE DE L'ISLE DE MINORQUE.

La première espèce est un Ornithogalle blanc, *Ornithogallum Baleaticum album. nobis.* Elle nous a été apportée de l'île de Minorque par Antoine Richard, célèbre jardinier à Trianon. Sa racine est bulbeuse; ses feuilles sont radicales, longues, grandes, un peu pointues; sa hampe est ronde, presque deux fois plus haute que les feuilles, terminée par un épi en forme de cône de fleurs d'un blanc de lait, fort larges, montantes et très-ouvertes à l'instant de leur fleuraison; chaque fleur a une bractée pointue supérieurement, qui enveloppe son péduncule à sa sortie de l'hampe; elle n'a point de calyce; chaque corolle est composée de six petales obtus; les étamines sont au nombre de six, terminées par des anthères triangulaires; le pystil est formé par un embryon à 3 angles, par un style droit, qui persiste, et par un stigmate obtus; la capsule est anguleuse, à 3 loges, à 3 valves et à 3 angles et renferme plusieurs semences. Cette espèce est représentée dans notre *Dictionaire universel des plantes*. cent. 2. deca. 9. pl. 1; dans nos *Plantes, nouvellement découvertes; plan.* 12; dans nos Dons merveilleux dans le Règne végétal, T. second, pl. 148. Richard a encore apporté du même endroit un autre Ornithogalle, dont les fleurs sont jaunes et en bouquet; nous l'avons fait graver aussi dans nos collections. Nous joignons ici les figures coloriées de ces deux plantes qui sont très-intéressantes, et qui méritent d'occuper une place dans nos jardins; il faut à l'une et à l'autre l'orangerie.

A PARIS, *Chez* BUC'HOZ, Auteur de cette Dissertation, rue des Grands-Augustins, N°. 26. Prix 5 livres, avec planches coloriées.

On trouve aussi, chez le même Auteur, differentes Dissertations sur la médecine, sur les animaux, les végetaux et les minéraux, ornées de Planches supérieurement enluminées.

De l'Imprim. de CHAMBON, rue des Grands Augustins, N°. 25.

Pl. XXI.

Fig. 1... Narcissus pratensis, Sen Syluatieus. Narcisse des Pres ou des Bois.
Fig. 2. Narcissus Bicolor. Narcisse Blanc de Narbonne.
Fig. 3. Narcissus hispanicus. Narcisse jaune d'Espagne a grand Calice.

DISSERTATION
SUR
LE GENRE DES NARCISSES;
LEURS DIFFÉRENTES ESPECES,

TELLES QUE LES NARCISSES DU LEVANT, LES JONQUILLES; LEUR CULTURE, LEURS PROPRIÉTÉS D'ORNEMENT, OFFICINALES ET MEDICALES; SPÉCIALEMENT SUR LES SUCCÈS OBTENUS TOUT RECEMMENT DES NARCISSES DES PRÈS POUR GUÉRIR LES CONVULSIONS.

CE genre de plante est connu sous le nom de *Narcissus. Tourn. Linn. Narcissos, bolbocodion, bolbos emeticos, ieron, antogenes, diosc. Codianum, codiaminum. Plin. Pseudo-Narcissus, Clus. Tazetta. Hisp.* en françois, Narcisse, Trombon, Aiault, Aiot, Cocton.

Son caractère est d'avoir la spathe du calice oblongue, obtuse, applatie, s'ouvrant par le côté plane, se flétrissant; les pétales de la corolle sont au nombre de six, ovales, pointus, planes, insérés extérieurement au tube du nectaire sur la base; le nectaire est monophyle, cylindrique, en forme d'entonnoir, colorié par le limbe; les filamens des étamines sont au nombre de six, en forme d'alène, attachés au tube du nectaire, plus courts que le nectaire; les anthères sont un peu oblongues; le germe du pistil est rond, à 3 côtes, obtus, inférieur; le style est filiforme, plus long que les étamines; le stigmate est fendu en trois, concave, obtus; le péricarpe est une capsule ronde, à 3 côtes obtuses, à 3 loges, à trois valves; les semences sont nombreuses, globuleuses, à appendices.

Ce genre fait partie de la neuvième classe de Tournefort, qui comprend les plantes à fleurs liliacées, et de la sixième de Linnée, destinée aux plantes hexandriques, monogyniques; on en distingue 14 espèces et une infinité de variétés.

LA PREMIERE ESPECE est le Narcisse de Poëte. *Narcissus Poeticus, Narcissus spathâ uniflorâ, nectario rotato, brevissimo, scarioso, crenulato. Linn. sp. plant. 414. Hist. Ups. 74. Narcissus foliis ensiformibus, floris nectario rotato brevissimo. Hor. Cliff. 134. Roy. Lugdb. 35. Sauv. Monsp. 17. Narcissus albus, circulo purpureo. Bauh. Pin. Narcissus medio purpureus. Dod. Pemp.*

Les feuilles de cette espèce sont en forme d'épée; la spathe est à une fleur; le nectaire de la fleur est en roue, très-court, crenellé, pourpre; la corolle est blanche; elle est vivace, croît naturellement en Provence et en Italie; elle est représentée dans notre *Jardin Royal. T. 1. pl. 25.* d'où nous avons tiré la planche pour l'inserer ici. Il s'en trouve une variété à fleurs doubles, qui se nomme *Narcissus medio purpureus multiplex. Bauh. Pin. 54.* L'espece et la variété figurent tres-bien au printems dans les parterres: on en éleve sur les cheminées dans des caraffes de verre, remplies d'eau, qu'on renouvelle de tems en tems.

LA SECONDE ESPECE est le faux Narcisse, le Narcisse des bois ou des prés. *Narcissus pseudo, Narcissus. Narcissus spathâ uniflorâ, nectario campanulato, erecto, crispo, æquante petala ovato. Linn. sp. pl. 414. Narcissus foliis ensiformibus, florum nectario longitudine petalorum. Hort. Cliff. 134. Hort. Ups. 74. Sauv. Mons. 17. Narcissus sylvestris pallidus, calice luteo. Bauh. Pin. 52. Narcissus luteus sylvestris. Dod. Pempt. 227.*

Les feuilles de cette espèce sont en forme d'épée; les fleurs sont jaunes; le nectaire est campanulé, droit, crépu, égal aux pétales, ovale; la spathe est à une fleur. Cette espèce est représentée dans Dodoens, p. 227, fig. 2, et dans notre jardin Royal, T. 1. pl. 25. Elle croît naturellement dans les bois et les prés, en France, en Angleterre, en Espagne et en Italie. La fleur du narcisse des bois figure assez bien dans nos parterres, mêlée avec celle du narcisse de Poëte. A Valenciennes, où il se fait beaucoup de processions, on se sert, au mois d'avril, des fleurs de cette plante pour joncher les rues; les jeunes gens de la campagne les viennent vendre à la ville ; tous les Flamands ornent, avec de ces fleurs, les statues de saints et de saintes qu'ils conservent dans leurs maisons.

Cette plante, jusqu'à présent, n'a pas mérité l'attention d'aucun médecin ; on la foule journellement aux pieds ; on l'arrache avec mépris, ou on la laisse périr sous la faulx du moissonneur, quoiqu'elle ait des vertus supérieures aux plantes exotiques, ainsi que notre lecteur pourra s'en convaincre par les observations que Dufresnoy, médecin de Valenciennes, a faites sur cette plante, et qui prouvent son efficacité contre les convulsions les plus fortes et les plus recidivées.

1°. En 1786, deux des trois processions que l'on fait dans le mois d'avril, n'ayant pu sortir à cause du mauvais tems, une fille, depuis long-tems vaporeuse et souvent attaquée de légères convulsions, avoit fait mettre dans sa chambre les narcisses destinées a joncher les rues pour une de ces processions ; le lendemain elle dit à Dufresnoy qu'il y avoit en elle beaucoup de changement, qu'elle n'avoit pas eu des convulsions et qu'elle avoit mieux dormi, ce qu'elle ne pouvoit attribuer qu'aux prières qu'elle ne cessoit de faire, depuis long-tems à *Notre-Dame du Saint-Cordon*. En réfléchissant sur la cause de ce changement, je crus, dit Dufresnoy, pouvoir l'attribuer aux fleurs, dont sa chambre étoit remplie ; pour m'en assurer, je lui conseillai de les faire renouveller ; elle le fit, et la nuit suivante fût bonne et sans convulsions, ce qui n'étoit pas arrivé depuis bien du tems ; le lendemain, continue Dufresnoy, je fis balayer et jetter les fleurs et ouvrir les fenêtres pendant la journée, les convulsions reparurent dans la nuit et les deux jours suivans ; je fis de nouveau garnir sa chambre de fleurs, et elle n'eût pas de convulsions ce jour-là ; j'en conclus alors que la malade n'étoit redevable, de ce soulagement qu'elle éprouvoit, qu'à l'esprit recteur qui s'échappoit des fleurs ; c'est ce qui lui fit essayer l'extrait dans des cas de maladies convulsives. Pour faire cet extrait, ce celèbre praticien fait mettre dans un chaudron, à moitié rempli d'eau de rivière, des fleurs de narcisse des prés avec les pédunc les, il les fait bouillir, ensuite passe la décoction par un tamis et épaissit à consistence d'extrait; c'est cet extrait que Dufresnoy a prescrit dans les observations suivantes.

2°. Dans notre dissertation sur le *Toxicodendron*, il est fait mention de la Dlle. St. Quentin, attaquée de mouvemens convulsifs, pour la guérison desquels Dufresnoy avoit fait usage mais sans succès, du *Rhus radicans*, connu plus communément sous le nom de Toxicodendron. Ce médecin crut pour lors devoir essayer l'extrait du narcisse ; il fit broyer 6 grains de cet extrait avec une demi-once de sucre blanc, et diviser le tout en 12 parties égales ; il en prescrivit à la Dlle. St. Quentin 4 paquets par jour, un le matin à jeun, le second à onze heures, le troisième à 5 heures du soir et le quatrième à 9 heures. Ces paquets ont diminué les convulsions et fatigué la malade par des vomissemens. Dufresnoy voulut connoître l'effet du remède administré à plus forte dose ; il fit en conséquence préparer des pilules d'un grain de cet extrait : ce remède enchaîne aujourd'hui (1788) les convulsions de la Dlle. St. Quentin au point, que depuis que la malade en fait usage a pareille dose, elle est presqu'entièment délivrée ; elle est quelquefois trois semaines, un mois et même plus, sans convulsions, et elles ne reparoissent que lorsqu'elle oublie de prendre des pilules, qui lui donnent presque toujours des envies de vomir. Depuis 10 ans, la Dlle. St. Quentin n'avoit pas encore entendu gronder le tonerre, elle l'entendit gronder pour la première fois dans le mois de juin 1786 ; elle tomboit toujours dans des convulsions, qui lui ôtoient l'usage de tous ses sens, au moins 4 heures avant que le tonnerre ne grondât, et ces convulsions ne cessoient que 4 à 5 heures après l'orage fini.

3°. Dans le mois de juin 1786, je fus appellé, dit Dufresnoy, à l'hôpital des filles libertines de Valenciennes, pour venir au secours d'une de ces infortunées, qui éprouvoit, au moment d'accoucher, des convulsions si violentes, que 3 personnes avoient peine à la tenir. Je fis préparer 6 paquets, composés chacun d'un grain d'extrait de Narcisse, broyé avec un demi-gros de sucre blanc; on donna le premier sur les 7 heures du matin, délayé dans une cuillerée d'eau tiède; on continua de demi-heure en demi-heure; le quatrième paquet a fait cesser les convulsions; la fille est accouchée vers les deux heures de l'après midi du même jour, et 12 heures après, elle est sortie de l'hôpital, pour s'en retourner chez elle.

4°. Quarante deux enfans ont été guéris d'une toux convulsive, ou coqueluche, qui régnoit à Valenciennes vers la fin de l'année 1786; je faisois dissoudre, dit Dufresnoy, 4 grains d'extrait de Narcisse dans 4 onces d'eau sucrée; on leur donnoit toutes les trois heures une cuillerée à bouche de cette potion, qui a terminé la maladie, en calmant la toux très-sensiblement, de jour en jour. Linnée donne pour variété du Narcisse des prés : 1°. le Narcisse double sans calyce, *Narcissus sylvestris multiplex, calyce carens.* 2°. Le Narcisse à deux tubes dorés, *Narcissus luteus sylvestris, duplici, seu triplici tubo aureo. Bauh. Pin.* 54.

LA TROISIEME ESPECE est le Narcisse à deux couleurs. *Narcissus bicolor. Narcissus spathâ uniflorâ, nectario campanulato, margine patulo crispo, æquante petala. Linn. sp. pl.* 415. *Narcissus albus, calyce flavo alter. Bauh. Pin.* 52. *Narcissus major totus luteus, calyce prœlongo. Bauh. Pin.* 52. *Rubd. Elys.* 2. *p.* 71. Cette espèce est semblable à la précédente, mais les pétales sont blancs; le nectaire est d'un jaune foncé; le lymbe est ouvert, ondulé, crenelé. Elle est représentée dans les Champs-Elysées de Rudbeck, tome 2, p. 71. fig. 9. Elle est vivace, et croît naturellement dans la partie méridionale de l'Europe.

LA QUATRIEME ESPECE est le petit Narcisse. *Narcissus minor. Narcissus spathâ uniflorâ, nectario obconico, erecto, crispo sexfido, æquante petala, lanceolato. Lin. sp. pl.* 415. *Narcissus parvus totus luteus. Bauh. Pin.* 53. *Rudb. Clis.* 2. *p.* 72. *Narcissus sylvestris minor Hispanicus trifolius. Elys. His.* 1. *p.* 165. *Bulbocodium minus. Bauh. Hist.* 2. *p.* 597.

Cette espèce approche beaucoup de la seconde, mais elle a toutes ses parties trois fois plus petites; sa hampe est à peine striée; sa spathe est verdâtre, sa fleur se penche d'avantage; les pétales sont distincts entr'eux par la base, lancéolés; droits, sans être obliques ou ovales, le bord du nectaire est fendu en six, ondulé, crépu. Elle est représentée dans les Champs-Elysées de Rudbeck, T. 2. p. 72, fig. 11, et dans les plantes de Barrelier pl. 976. Elle croît naturellement en Espagne : elle est vivace.

LA CINQUIEME ESPECE est le Narcisse musqué. *Narcissus moscatus. Narcissus spathâ uniflorâ, nectario cylindrico, truncato, subrepando, æquante petala oblonga. Linn. sp. pl.* 415. *Narcissus totus albus nutante flore., tuba longa. Barr. Icon. Narcissus albus, calyce flavo, muscari odore. Bauh. Pin.* 52. *Rudb. Elys.* 2. *p.* 69 *et* 73. *Narcissus flavus, tubo rotundo. Bauh. Pin.* 52. *Rudb. Elys.* 2. *p.* 68. La spathe de ce Narcisse est à une fleur, qui est jaune ou blanche; le nectaire est cylindrique, tronqué, courbé, égal aux pétales qui sont oblongs, n'ayant son bord ni dentelé, ni crépu, d'une odeur de musc.

Cette espèce est représentée dans les plantes de Barrelier, pl. 921, 922, 945, 946, 953 et 954, dans les Champs-Elisées de Rudbeck, tome 2, page 68, fig. 3 et 4, page 69, fig. 6, et page 73, fig. 15 et 16. Elle est vivace et croît naturellement en Espagne.

LA SIXIEME ESPECE est le Narcisse triandrique. *Narcissus triandrus. Narcissus spathâ subuniflora, nectario campanulato crenulato, dimidio breviore petalis, staminibus ternis. Linn Sp. pl.* 419. *Narcissus juncifolius, albo flore reflexo. Clus. Append. Alt. Narcissus albus, oblongo calice. Bauh. Pin.* 53. *Rudb. Elys.* 2. *p.* 72. Cette espèce a la même grandeur que la première, ses feuilles sont moitié plus étroites, crenelées; la spathe est à une fleur; la corolle est d'un blanc de neige; les pétales sont ovales, oblongs; le nectaire est campanulé, moitié plus court que la corolle, à bord droit, inégalement crenelé; les étamines sont au nombre de trois, rarement six; les anthères sont jaunes, plus courtes que le nectaire. Cette espèce est représentée dans les Champs-Elysées de Rudbeck, tome 2, pl. 72, fig. 12. Elle est vivace et croît naturellement dans les Pyrenées.

LA SEPTIEME ESPECE est le Narcisse oriental. *Narcissus orientalis. Narcissus spata subbiflora, nectario campanulato trifido emarginato, petalis triplo breviore. Lin. Syst. veg. edit XIII. Murray. 262. Mant. 62. Narcissus niveus, calice flavo odoris flagrantissimi. Rudb. Elys. 2. p. 52. Bauh. Pin. 50. Narcissus latifolius simplex medio luteus. Clus. Hist. I. p. 154.*

Cette espèce est à larges feuilles, et a le port de la douzième espèce; sa corolle est blanche; son nectaire est droit, de moitié, ou du tiers plus court que les pétales, fendu en trois, jaune, à lobes échancrés, Elle est représentée dans les Champs-Elysées de Rudbeck, T. 2, p. 52, fig. 2, et pag. 64, fig. 5. Elle croît naturellement au Levant.

Linné en distingue deux variétes; la première est connue sous les noms de *Narcissus orientalis, calice rotundo aureo luteo. Rudb. Elys. 2. p. 54. Bauh. Pin. 50. Narcissus orientalis medio croceus major. Besl. Eyst.* et est représentée dans les Champs-Elysées de Rudbeck, tome 2, p. 54, fig. 6, et dans notre *Collection précieuse et coloriée des plus belles fleurs qui se cultivent dans la Chine et dans l'Europe, tome 2. pl.* 78 d'où nous l'avons tirée pour l'insérer ici. La seconde se nomme chez les botanistes. *Narcissus albus major odoratus. Rudb. Elys. 2. p. 50 Bauh. Pin. 49. Narcissus latifolius major alter. Clus. hist. 1. p. 154.* Elle est gravée dans les Champs-Elysées de Rudbeck, tome 2, p. 50, fig. 1.

La plupart des Narcisses du Levant se cultivent dans nos jardins; nous les considérerons ici comme jardiniers, et conséquemment nous diviserons tous les Narcisses en 3 sous-espèces, en Narcisses proprement dits, en grands Narcisses, et en Narcisses d'Inde.

La première sous-espèce comprend plusieurs variétés, parmi lesquelles on place le *Narcisse Anglois, le Boncard, le Narcisse de Constantinople, le Crenelé, le Jaune, l'Hémorocale de Valence, le Montagnard tardif, celui de Narbonne, celui de Raguse, le Sylvestre ultramontain, le Sauvage étoilé, et le Tiers de Matthiole.*

L'Anglois a la fleur un peu plus grande que celui de *Narbonne*, le godet jaune et égal par-tout; le *Boncard* a au milieu des feuilles blanches, le godet crépu et plissé; celui de *Constantinople*, ou de *Bysance*, qu'on nomme aussi *Caladonien*, produit aussi à l'extrémité de sa tige douze fleurs, qui ont les feuilles blanches et épaisses, mais il y vient au milieu de certaines petites fleurs jaunes avec le godet. Le *Crenelé* est de deux façons, le grand et le petit; le grand produit beaucoup de fleurs, dont plusieurs avortent; les feuilles ou pétales de cette fleur sont blanches; au milieu desquelles on voit une autre petite fleur jaune, qui, à son extrémité, a la figure d'un cornet: le petit ne donne que quatre ou cinq fleurs, qui ont 6 petits cornets, formant une étoile de la même couleur; les Narcisses *jaunes* ont plusieurs différences, cependant toutes les fleurs de cette espèce ont les pétales et godets d'un jaune doré; la seule chose en quoi ils diffèrent, c'est qu'ils sont plus ou moins grands, et qu'ils ont plus ou moins de couleur. *L'Hémorocale de Valence* donne au haut de la tige 8 à 10 fleurs, semblables à celles du *Tiers de Matthiole*, dont nous parlerons plus bas; ces fleurs sont si serrées, qu'il n'en peut paroître que 2 à la fois, ensorte que celles qui sont fleuries, commençent à se flétrir quand les autres s'ouvrent; cette fleur a ses pétales blancs, longs, étroits, séparés et fait la figure d'une étoile; au milieu de ces pétales s'élève un godet frisé par le bord,

Le Montagnard tardif pousse ensemble 3 ou 4 fleurs, qui ont les pétales blancs et plus grands que ceux du *Narcisse commun*, mais ils sont rompus et disposés en figure d'étoile: ces fleurs ont au milieu un godet large, couleur de citron, et quelquefois orangé.

Le Narcisse de Narbonne a les pétales de ses fleurs plus petits que les autres Narcisses, au milieu desquels est un godet jaune et grand qui s'élargit, et dont l'ouverture est faite en forme de cloche; le *Narcisse de Raguse*, au lieu des petits pétales, qui sont placés dans les autres narcisses au milieu de la fleur, en a un petit jaune, crépu, avec plusieurs qui le remplissent. *Le grand Narcisse, ou Sylvestre Ultramontain*, ne produit sur la même tige qu'une fleur en forme de rose, au milieu de laquelle

laquelle on remarque plusieurs pétales redoublés, dont les uns sont jaunes, et les autres verdoyans; quand cette fleur s'ouvre, et lorsqu'elle se développe, il semble que ce soit une rose jaune. *Le Narcisse sauvage étoilé* produit une fleur double, dont les pétales sont d'un jaune de paille, et rangés comme une étoile.

Le Tiers de Matthiole a au bout de sa tige, plus plate que ronde, 10 ou 12 fleurs blanches, qui ont 6 pétales étroits et longs, séparés les uns des autres, et partagés en étoiles, au milieu desquels s'élève le godet. Ces fleurs s'ouvrent l'une après l'autre; pendant que les premières se passent, les autres fleurissent.

On cultive tous ces Narcisses à-peu-près de même; on choisit une bonne terre de potager, bien exposée au soleil; on enterre les oignons à 6 doigts sous terre, à une distance d'un demi-pied les uns des autres; on lève ces oignons, et on en sépare les cayeux.

On nomme *Incomparables* ou *Nompareils*, les grands Narcisses; il y en a de plusieurs sous-espèces; les fleuristes cultivent le *grand Blanc*, *la couleur de Citron bordé d'oranger*, *la couleur de Citron double*, *le jaune doré*, *et le jaune pale*.

Le grand Blanc répand ses pétales et les écarte, et le petit les tient plus serrés et plus nuds; ainsi le grand Narcisse blanc, qui a le godet jaune, ne diffère en rien du petit, sinon que celui-ci a les pétales plus courts, et d'une couleur plus vive.

La couleur de Citron bordé d'orange ressemble au *jaune doré*, parcequ'il fleurit d'abord d'un jaune pâle, et en croissant, il conserve toujours la même couleur; cependant il a le godet beaucoup plus grand, bordé d'une couleur d'orange, et les pétales plus larges et plus pressés.

La *couleur de Citron double* a dans sa fleur jusqu'à 3 rangs de pétales assez grands, et dans ses tours un grand nombre d'autres petits pétales d'un jaune très-brillant; cette fleur passe pour la plus belle de celles des Narcisses; on l'appelle le *grand Narcisse* par excellence, ou l'*Incomparable*.

Le Jaune doré a 6 pétales d'un jaune éclatant, bien unis et bien ouverts avec le godet, qui s'élargissant dans le fond, s'enfle jusqu'à la grosseur d'un doigt; le Jaune pâle ne diffère du précédent, qu'en ce qu'il a les pétales plus étroits, séparés et frisés, et que sa couleur, qui est jaune en naissant, change peu à peu et devient jaune et blanchâtre; cette espèce de Narcisse demande d'être plantée dans une terre semblable à celle des grands potagers, et qui ne soit exposée que médiocrement au soleil; on plante son oignon à quatre doigts de profondeur, et à 4 pouces de distance; on lève tous les 3 ans les oignons de ce narcisse pour en séparer les cayeux.

Parmi les Narcisses d'Inde, on s'attache dans les jardins des Fleuristes à la culture du *Narcisse écaillé*, *du Narcisse de Jacob*, *du Narcisse rouge*, *sphérique*, *du Narcisse vineux clair*, *et du Narcisse de Virginie*.

Le Narcisse écaillé, connu p us particulièrement sous le nom d'Indien, donne de sa racine une fleur semblable à celle de la Grenade, qui a dix pétales, et quelquefois d'avantage, d'un beau rouge de feu; ces pétales renferment quantité d'autres petites fleurs d'une couleur incarnate, à demi-ouvertes; de chacune de ces fleurs sortent 3 filets rouges, qui ont au sommet un chapeau jaunâtre; quand ce Narcisse est fleuri, et lorsque la tige est en graine, les feuilles du pied commencent à pousser, et ne viennent point que la fleur ne soit tombée. On plante ce Narcisse dans des pots pleins de terre maigre et sabloneuse, à 3 doigts de profondeur; lorsque les fleurs de cette plante sont sèches, on met le pot dans un endroit à l'abri, mais néanmoins bien aëré.

Le Narcisse de Jacob donne jusqu'à 4 fleurs, de 6 pétales chacune, de pourpre languissant par le bas, et dégénérant en couleur orangée par le haut. Chaque fleur ressemble au Lys blanc; cette fleur a 6 filets longs et blanchâtres, surmontés de 6 boutons jaunâtres, et qui sont autant d'étamines; le filet du milieu, qui est le pistil, est plus grand que les autres, et paroît d'abord avec la tige.

Quand ce Narcisse est fleuri, il commence pour lors à donner ses feuilles ; on plante son oignon dans un pot plein de terre maigre et sabloneuse : on l'enfonce de 2 doigts : on l'expose en plein soleil, ayant bien soin sur-tout d'arroser cette plante tant qu'elle conserve ses feuilles, et jusqu'aux premiers froids : on met pour lors son pot dans un lieu ouvert et bien aëré, et on l'y laisse sans lui rien faire jusqu'au milieu du mois de mai : après quoi on lève soigneusement la terre de dessus l'oignon, en observant de ne pas enfoncer les racines : on en détache délicatement les cayeux, ensuite on le recouvre de terre, qu'on arrose jusqu'à ce qu'elle soit bien trempée, puis on expose le pot à la pluie et au soleil, et on l'arrose souvent.

Le Narcisse rouge, le Narcisse Madame, donne 20 fleurs et même davantage : elles sont petites, longuettes, de couleur verdâtre, pendantes, droites, serrées et s'ouvrant l'une après l'autre : elles ont la couleur d'un Lys blanc, et la même grandeur ; mais les pétales en sont plus pressés et moins renversés ; dans le commencement ces pétales sont d'un blanc mêlé de rouge ; plus ils vieillissent, et plus ils se colorent ; le fond du dedans est blanchâtre, comme par le dehors. Ces fleurs ont six filets, qui sont aussi blanchâtres dans le pied, et qui se terminent en une petite lime ronde, qui ressemble à un petit bouchon ; celui du milieu n'a point de bouton, mais il est plus long et plus caloré que les autres. Ce Narcisse fleurit au commencement de septembre.

Le Narcisse sphérique, ou l'Ornithogalle sphérique pousse ses fleurs avant la tige, lesquelles s'élèvent insensiblement, s'ouvrent peu-à-peu à la fin, se trouvent en grand nombre, s'élargissent de tous côtés, et sont comme une sphère; ces fleurs sont de couleur cramoisi, elles paroissent au mois de septembre et durent un mois. Le Narcisse sphérique se cultive de même que les précédens, sinon qu'il ne demande pas tant de chaleur, et qu'il lui faut plus d'humidité.

Le Narcisse vineux clair ne diffère du précédent, qu'en ce qu'il a la tête plus foible et plus tortue ; il pousse moins de fleurs, qui sont plus petites, et d'une couleur moins chargée ; on le met en pot dans de la terre maigre et légère ; on ne l'enfonce que de 3 doigts, et le moins qu'on peut lever l'oignon, c'est le mieux.

Le Narcisse de Virginie est d'un blanc sale, dès qu'il fleurit, mais peu-à-peu il change de couleur, et devient enfin d'un beau rouge clair; il répand ses pétales comme une tulipe de Perse, mais un peu plus grands, sans jamais les ouvrir; il vient mieux dans les pots qu'en pleine terre ; il ne veut pas être enfoncé plus avant que de deux doigts ; il demande un peu de soleil, et ne veut pas être levé souvent.

On cultive ces plantes pour la beauté de leurs fleurs, qui paroissent précisément dans un tems où il n'en paroît presque aucune, elles sont des plus printanieres ; on en met même fleurir dans des caraffes d'eau sur les cheminées, ainsi et de même que les jacinthes, et on en a ainsi d'épanouies pendant l'hiver.

La fleur de Narcisse passe pour être un bon narcotique ; sa racine, soit en substance, soit en décoction, est vomitive ; on la recommande extérieurement pour la brûlure, en l'appliquant promptement avec du miel sur la partie affectée ; on prétend qu'elle est aussi très-bonne pour les coupures des nerfs et des tendons : elle s'emploie pareillement mêlée avec du miel en guise d'emplâtre dans les luxations et les douleurs invétérées des jambes ; si on l'associe avec du vinaigre et de la graine d'ortie, elle a la vertu d'effacer les taches et les rougeurs du visage ; cette racine est aussi très-propre pour nettoyer les ulceres et faire mûrir les abscès.

LA HUITIEME ESPECE est le Narcisse à trois lobes. *Narcissus trilobus. Narcissus spatha submultiflora, nectario campanulato subtrifido integerrimo, dimidio breviore petalis. Linn. sp. pl.* 417. *Narcissus angustifolius pallidus, calice flavo. Bauh. Pin.* 51. *Rudb. fiamp. Elys.* 2. *p.* 61.

Cette espece est semblable à la Jonquille, mais le nectaire est cylindrique, de la longueur de plus de la moitié des pétales, sans être crépu, mais à trois lobes foncés.

Pl. LXXXIII.

Narcissus luteus. *Nobis. Le Soleil d'Or.*

Elle est représentée dans les Champs-Elysées de Rudbeck, tome 2, page 61, figure 3. Elle est vivace; elle croît naturellement dans la partie méridionale de l'Europe.

LA NEUVIEME ESPECE est le Narcisse à odeur. *Narcissus odorus. Narcissus spatha submultiflora, nectario campanulato sexfido lævi dimidio breviore petalis. Linn. sp. pl. 416. Amœn. Acad. 4. p. 311. Narcissus polyanthos, flore minore stellato toto luteo. Rudb. Ely. 2. p. 60.*

La spathe de cette espece est à plusieurs fleurs, quelquefois même à une, chaque fleur est trois fois plus grande que celle de la onzieme espece; le nectaire n'est pas frangé, mais a une ouverture divisée en six lobes obtus. Cette espece est représentée dans les Champs-Elysées de Rudbeck, tome 2. pl. 60, fig. 7. Elle est vivace, et croît naturellement dans la partie méridionale de l'Europe.

LA DIXIEME ESPECE est le Narcisse en corbeille. *Narcissus calathinus. Narcissus spathâ multiflorâ nectario campanulato subcrenato æquante petala, floribus planis. Linn. sp. pl. 415. Narcissus angustifolius flavus, magno caule. Bauh. Pin. 51. Rudb. Elys. 2. p. 60. Narcissus IX. angustifolius. I. Clus. Hist. 1. p. 158.*

Cette espece est très-semblable à la suivante, mais les pétales sont un peu plus grands et plus aigus; le nectaire est de la longueur des pétales; elle est représentée dans les Champs-Elysées de Rudbeck, tome 2, pl. 60, fig. 5. Elle est vivace, et croît naturellement dans la partie méridionale de l'Europe, au Levant.

L'ONZIEME ESPECE est le Narcisse tazette. *Narcissus tazetta. Narcissus spathâ multiflorâ, nectario campanulato truncato breviore petalis, foliis planis. Linn. Sp pl. 416. Narcissus foliis ensiformibus, florum nectario campanulato, erecto, petalis longe breviore. Hort. Clifl. 134. Narcissus medio luteus, copioso flore: odore gravi. Bauh. Pin. 50. Rudb. Elys. 2. p. 57. Narcissus luteus polyanthos lusitanicus. Bauh. Pin. 50. Narcissus latifolius, flore prorsus albo 1, 2. Clus. hist. 1. p 155.*

Les feuilles sont planes; la spathe est à plusieurs fleurs; le nectaire est trois fois plus court que les pétales; la fleur est jaune, et a une odeur forte. Cette espece est représentée dans les Champs-Elysées de Rudbeck, tome 2, p. 57, fig. 11. Elle est vivace et croît naturellement dans les endroits maritimes de la Provence, du Languedoc, du Portugal et de l'Espagne.

LA DOUZIEME est le Narcisse à bulbe, en forme de cœur. *Narcissus bulbocordium. Narcissus spathâ uniflorâ, nectario turbinato petalis majore, genitalibus declinatis. Linn. Sp. pl. 417. Narcissus foliis subulatis, nectario maximo patulo, genitalibus declinatis. Linn. Sp. pl. 417. Narcissus montanus alter flore fimbriato. Bauh. Pin. 53. Narcissus montanus juncifolius 2, flavo flore. Clus. hist. 1. p. 166.*

Les feuilles de cette espece sont en forme d'alène; la spathe est à une fleur; celle-ci et son tube sont turbinés, plus garnds que les pétales; les parties de la fructification sont inclinées. La plante est représentée dans les Champs Elysés de Rudbeck, tome 2, page 75, fig. 5 et 7. Elle est vivace, et croît naturellement entre Lisbonne et Séville.

LA TREIZIEME ESPECE est le Narcisse tardif. *Narcissus serotinus spathâ uniflorâ, nectario brevissimo sex partito. Linn. Sp. pl. 418. Lœfl. It. 19. Narcissus albus autumnalis minimus. Bauh. Pin 51. Rudb. Elys. 2. p 64. Narcissus serotinus. Clus. his. 1. p. 192. Narcissus autumnalis major. Clus. Hist. 251.*

Ce Narcisse est très-petit, il ne paroît qu'en automne; sa spathe est à une fleur; celle-ci est blanche; le nectaire est très-court, partagé en six. Il est représenté dans les Champs-Elysées de Rudbeck, tome 2, page 64, fig. 8, et dans les plantes de Clusius, pl. 225. Il est vivace, et croît naturellement dans l'Espagne, l'Italie et la Barbarie.

LA QUATORZIEME ESPECE est la Jonquille. *Narcissus jonquilla. Narcissus spathâ multiflorâ, nectario hemispherico crenato, breviore petalis, foliis semiteretibus. Linn. Sp pl. 417. Narcissus foliis subulatis, florum nectario brevissimo. Hort. Cliff. 134. Roy. Lugdb. 35. Sauv Monsp. 19. Narcissus juncifolius luteus minor. Bauh. Pin. 51. Narcissus juncifolius minor et 2. Clus. Hist. 1. p. 156.*

Cette espece est représentée, de même que les plus belles especes de Narcisses, dans le *Florum imagines*, l'*Hortus eystetensis*, et dans la plupart des collections de plantes gravées et coloriées; on en trouve une espece dans nos Dons merveilleux et diversement coloriés de la nature dans le règne végétal, tome 1, pl 83. Elle croît naturellement entre Hispalis et Gades, entre la Guadeloupe et Tolu, au Levant.

Les plus belles variétés de cette espece se cultivent en France ; on en distingue préférablement douze ; *la jonquille de Lorraine, la jonquille recoquillée, la jonquille au grand godet, la jonquille d'Espagne, grande et petite, la simple et la double, qui sont d'un jaune clair, la grande jonquille blanche et la petite, la blanche à godet citronné, la blanche et la verte d'automne.*

La Jonquille de Lorraine est unie, à six pétales d'un beau jaune clair, qui portent les uns sur les autres, c'est pour cette raison qu'elle est appellée *unie*, elle a le godet au milieu, qui s'éleve de la grosseur d'un demi-doigt, et est frisée par le bord ; elle ne rapporte pas beaucoup de fleurs, mais elle supplée à ce défaut par la vivacité de sa couleur, qui est plus pleine et plus foncée, et outre cela, elle est bien plus ouverte dans sa fleur.

La *Jonquille d'Espagne*, ainsi appelée, parcequ'elle a été apportée d'Espagne, est infinie dans la variété de ses fleurs ; elles sont tantôt grandes, tantôt petites, quelquefois claires, d'autrefois pleines : elles sont néanmoins toutes de la même couleur, qui est un beau jaune clair, et ont une odeur très-agréable.

La Jonquille blanche au godet citronné a le godet d'un autre couleur que la grande Jonquille blanche ; elle donne 4 ou 5 fleurs, qui tirent sur le blanchâtre, avec le godet au milieu, mais un peu plus obscur ; on l'appelle encore Jonquille de mouton.

La Jonquille à grand godet est ainsi nommée, parceque son godet est également rond et beau ; il est beaucoup plus long que celui des 2 autres variétés précédentes ; ses feuilles et ses fleurs sont découpées en étoiles, et plus étroites.

La grande Jonquille blanche est différente de la grande Jonquille d'Espagne par la couleur et par l'odeur ; celle-ci ne sent rien.

La petite jonquille blanche differe de celle d'Espagne, en ce qu'elle a la fleur plus étroite, et qu'elle est sans odeur.

La jonquille blanche d'automne jette trois fleurs blanches, qui n'ont pas grande odeur, et pousse sa tige avant les filets. *La jonquille verte étoilée* vient en automne : elle a les feuilles découpées en étoiles : elle fleurit avant de jetter aucun verd du pied.

La Jonquille se multiplie de semence, mais plus facilement de bulbes et d'oignons ; elle demande une terre substantielle, sans être humide, et qui soit couverte d'un bon terreau ; on la plante à la profondeur et à la distance de 3 pieds ; on la leve tous les trois ans pour en ôter les cayeux, il ne lui faut pas beaucoup de soleil ; la Jonquille blanche et la jaune double viennent mieux dans des pots que dans des planches ; celle-ci se plaît dans un fond de terre grasse et détrempée ; cependant le lit sur lequel on la plante doit être une terre maigre ; on couche sur ce lit les oignons ; on les recouvre de la même terre, et pardessus on met de la terre grasse de la hauteur d'un pied ; on arrose légèrement ces jonquilles, quand la terre est un peu sèche, pour les faire mieux profiter ; on les lève au mois de septembre pour en couper les filets et les cheveux, et on les replante aussitôt ; car ces petits oignons perdent beaucoup hors de terre ; quand on les laisse quelque tems sans les planter, il faut les envelopper dans du papier, et les mettre dans une boîte. On ne connoît à cette plante aucune propriété médicinale, quoique Dioscoride prétende que ses oignons sont vomitifs.

Les Dames se parent avec ses fleurs, elles les portent en bouquets, mais plusieurs ne peuvent supporter leur odeur ; cependant on en fait des parfums, des pommades, des eaux et des essences.

1°. *Poudre de Jonquilles.* Dans une caisse où il y aura 25 livres de poudre d'amidon, vous mettrez une livre de fleurs de Jonquilles, faisant ensorte qu'elles soient bien également distribuées par-tout, et ayant soin de remuer la poudre pour le moins deux fois par jour, pour qu'elles ne s'échauffent pas ; au bout de 24 heures vous sasserez les fleurs et en remettrez de fraîches, en même quantité, ce que vous réitererez pendant trois jours ; si l'odeur n'est pas assez forte, vous pourrez en remettre une dernière fois ; on tiendra toujours la caisse fermée, soit que les fleurs y soient, soit qu'elles n'y soient pas. Les doses s'augmentent à proportion.

2° *Sachet d'odeur.* On peut employer dans les sachets différentes parties des plantes aromatiques, telles que les feuilles, les fleurs, les fruits, même les écorces, les bois et les gommes; parmi les fleurs, celles de Jonquilles tiennent le premier rang; il faut avoir soin que toutes ces drogues soient bien séchées et conservées en un lieu sec. Pour les empêcher de se noircir, on doit y mettre un peu de sel commun; lorsqu'on veut qu'il s'y trouve quelque odeur dominante, comme celle de Jonquille, il faut mettre une grande quantité de fleurs de cette plante.

3°. *Pommade à la fleur de jonquille.* Prenez cinq livres de sain-doux et six livres de fleurs de Jonquilles, mettez-les au bain-marie, et laissez-les jusqu'à ce que la graisse surnage au-dessus des fleurs; laissez-les refroidir, et séparez-en l'eau; reprenez de nouveau cette pommade, et faites-y cuire encore 6 livres d'autres fleurs de Jonquilles; passez-la comme la première fois, recommencez encore deux fois cette opération, et à chaque fois, ajoutez-y 4 livres de Jonquilles; à la fin, quand le sain-doux sera encore fondu, vous mettrez 3 onces d'eau de fleurs de Jonquilles, vous jetterez le tout sur un tamis qui sera posé sur un vase propre; vous retirerez l'eau qui s'en séparera, et vous la conserverez dans un endroit sec.

4°. *Eau de Mille fleurs, odorante, spiritueuse et composée.* Pour la faire, mettez dans un grand vaisseau dix pintes de bon esprit-de-vin, vous y mettrez ensuite les fleurs suivantes, chacune en leur saison; violette épluchée, jacinthe sans verdure, petite giroflée jaune épluchée, de chacune une demie-livre; 4 onces de jonquille simple, et autant de double, une demi-livre de muguet sans verdure, autant de jasmin d'Espagne, une once de romarin, deux onces de fleurs de sureau, 4 onces de roses des bois pilées, autant de roses pâles aussi pilées, pareille quantité de roses blanches aussi pilées, 6 onces de fleurs d'orange, une demie-livre d'œillets à ratafia épluchés, autant de syringa sans verd, autant de tubéreuse et de menthe, fleurs et feuilles de cette dernière, 60 gouttes de quintessence d'ambre; vous ne mettrez l'ambre que lorsque vous voudrez faire votre distillation, et ce sera trois jours après la dernière de vos fleurs; mettez le tout dans votre cucurbite, adaptez-lui et luttez exactement son chapiteau, faites la distillation au bain-marie, à un feu tempéré; luttez votre récipient, mettez-le dans un bain d'eau froide, pour la conservation et la bonté de vos esprits; lorsque vous en aurez tiré 7 pintes, changez de récipient; mettez-en un autre, vous en tirerez encore une pinte, qui sera inférieure, mais elle trouvera sa place; c'est la véritable eau de Mille-fleurs.

4°. *Eau couronnée.* Mettez dans huit pintes d'eau-de-vie une demie-livre de violettes épluchées, 2 onces de racines d'iris, une demie-livre de Jonquilles doubles, 4 onces de fleurs-d'orange épluchées, 4 onces de roses musquées blanches, 6 onces de tubéreuse, 2 gros de macis, un gros de clous de gerofle, 2 onces de quintessence de bergamotte, 2 onces de quintessence d'orange de Portugal; toutes ces fleurs doivent être cueillies dans leur saison: il faut observer de mettre avec la violette l'iris pilée, le macis et le gerofle, d'y ajouter ensuite les fleurs dans leur saison, et de ne mettre la quintessence qu'après la tubéreuse, qui est la dernière fleur. Toutes les fois que vous mettrez une nouvelle fleur, vous remuerez le tout, et boucherez très-exactement le vaisseau; huit jours après que vous y aurez joint la tubéreuse, mettez le tout dans une cucurbite, couvrez-la de son chapiteau; adaptez et luttez le récipient, mettez-le dans une terrine pleine d'eau, afin que les esprits en tombant se refroidissent pour la conservation de sa force et de son parfum; vous retirerez de cette opération quatre pintes de bon esprit-de-vin.

Pl. C[illegible]

Dalechampia ſcandens. *Linn.* *La Dalechamp grimpante.*

DISSERTATION
SUR LA DALECHAMP,
ET SUR SA CULTURE.

Une des plantes du jardin de Trianon, que nous avons fait figurer avec les plus grands détails, est la Dalechamp grimpante, dont il ne se trouve qu'une espece rapportée dans les *Species plantarum* de Linné.

Le caractère de ce genre, *Dalechampia. Plum. Jacq. Convolvulo Tithymalus. Boerrh.* est d'avoir des fleurs mâles et des fleurs femelles; les fleurs mâles sont nombreuses, entre deux bractées; l'enveloppe commune du calice est partagée en quatre folioles droites, obtuses; la feuille qui est au-dessous de leur nectaire est deux fois plus large que les autres; le périanthe est à six folioles ovales, réfléchies, repliées par le sommet; la corolle n'a point de pétales; le nectaire est large, à plusieurs petites lames ovales, planes, disposées en fil; les filamens des étamines sont nombreux, rassemblés en une colonne de la longueur du calice; les anthères sont rondes, à quatre sillons.

Il n'y a que très-peu de fleurs femelles entre les mêmes bractées avec les mâles; l'enveloppe commune de leur calice est à trois folioles droites, rondes, persistantes, dont l'extérieure est trois fois plus large que les autres; le périanthe propre est à dix folioles lancéolées, découpées à dents de scie, conniventes, persistantes; il n'y a point de corolle; le germe du pistil est rond, à trois sillons, plus court que le calice; le stil est filiforme, très-long, en forme d'arc autour des mâles; le stigmate est en tête; le péricarpe est une capsule à trois coques, ronde, à trois loges et à trois valves; les semences sont solitaires, globuleuses.

Ce genre fait partie de la vingt-unième classe de Linné, qui comprend les plantes monœciques, monadelphiques. L'espèce unique de Linné est, comme nous l'avons dit, la Dalechamp grimpante. *Dalechampia scandens. Dalecampia foliis trifidis. Linn. syst. veg. edit. XIII. Murray 720. Mant. 496. Dalechampia. Linn. sp. pl. 1423. Hort. Cliff. 485. Jacq. Americ. 31. Dalechampia scandens, lupuli foliis, fructu hispido tricocco, Plum. gen. 17. Lupulus folio trifido, fructu tricocco hispido. Plum. Amer. 89. Convolvulo tithimalus. Boer, Lugdb. 2. p. 268.*

La tige de cette plante est haute de deux toises, s'entortillant, rameuse, poileuse, conservant ses poils; ses feuilles sont alternes, pétiolées, éloignées, en forme de cœur, partagées en trois, très-veineuses, ridées, découpées à dents de scie, poileuses, à lobes lancéolés; les pétioles sont cylindriques, cannellés, de la longueur de la feuille; les stipules vraies sont en forme de demi-cœur, réfléchies, courtes; les stipules fausses sont au nombre de deux, au sinus de la base de la feuille, en forme d'alêne, droites, petites; le péduncule est axiliaire, solitaire, très-court.

Barrere rapporte une autre espece de Dalechamp que personne n'a vu, et qu'il nomme *Dalechampia scandens, aristolochiæ foliis, fructu pruriginco. Barr. Æquin.* 47. Lamarck en rapporte 11 especes dans son Encyclopédie méthodique, la plupart tirées de l'herbier de Jussieu. Nons parlerons de toutes ces espèces dans une dissertation particulière.

La Dalechamp grimpante est gravée dans l'histoire des plantes de l'Amérique par Jacquin, pl. 160; dans les plantes de l'Amérique du P. Plumier, pl. 101; dans la première édition de notre Histoire générale des plantes, partie seconde, Cent. 1, Decad. 8, pl. 1. et dans nos Dons merveilleux et diversement coloriés de la nature, règne végétal, T. 1. pl. 52. Nous l'avons faite graver pour la première fois en 1772. Cette espèce croît naturellement dans l'Amérique méridioale, dans la Jamaïque.

On la multiplie par graines, que l'on seme au printems sur une couche chaude; et lorsque les jeunes plantes ont atteint la hauteur de trois pouces, on les transplante chacune dans un petit pot rempli de bon terreau, que l'on enfonce dans une couche chaude de tan, ayant soin de les garantir du soleil, jusqu'à ce qu'elles soient reprises; après quoi on leve tous les jours les vitres de la couche chaude, suivant la chaleur de la saison, pour renouveller l'air. Quand les pots où sont les plantes sont totalement remplis de racines, on les met dans de plus grands, on les enterre dans une couche de tan, et on les place dans la serre chaude; on aura soin de ranger les pots auprès d'un treillage, parceque ces plantes s'entortillent et s'élevent à la hauteur de 8 à 10 pieds; il leur faut toujours pendant l'été comme pendant l'hiver la serre chaude, parcequ'elles sont trop délicates pour supporter le plein air dans notre climat: placées auprès des murs, elles profitent beaucoup, et donnent des fleurs, souvent même les semences mûrissent dans notre climat; mais on aura la précaution de leur donner beaucoup d'air, quand il fait chaud, en soulevant les vitrages; on leur donnera beaucoup d'eau en été, mais peu en hiver. Souvent ces plantes ne durent que deux ans, on fera par conséquent très-bien d'en élever toutes les années des jeunes pour conserver l'espèce.

arnica montana linn. *l'arnica des Boutiques.*

DISSERTATION

EN FORME DE LETTRE, SUR L'ARNICA,

CONNU PLUS COMMUNEMENT EN LORRAINE SOUS LE NOM DE TABAC DES VOSGES, ET SUR SES PROPRIÉTÉS DANS LA MÉDECINE.

J'AI appris, Monsieur, depuis peu, du malade même, la guérison d'une hémophtysie par le moyen de l'Arnica: j'avois oui vanter plusieurs fois les vertus de cette plante, sur-tout à Strasbourg, où j'ai suivi pendant près de six mois les hôpitaux militaires; mais je n'en avois jamais fait usage, ni vu faire; je ne la connoissois même que fort superficiellement, sur-tout quant à ses propriétés, lorsque Morat, directeur des pompes de cette ville, me fit l'honneur de venir chez moi, accompagné de Marcandier, ce citoyen zelé: le motif de la visite de Morat, étoit pour me charger, comme ayant habité longtemps la Lorraine, de lui faire venir des montagnes des Vosges quelques livres de fleurs d'ARNICA: je pris à l'instant la liberté de demander à ce monsieur ce qu'il vouloit faire d'une aussi grande quantité de fleurs de cette plante? Il me repondit qu'il en faisoit journellement usage en infusion théiforme; qu'il lui étoit en quelque façon redevable de la conservation de sa vie, et qu'il tâcheroit toujours d'en avoir chez lui, tant pour sa personne, que pour celles qui sont à ses ordres. Je réiterai mes instances auprès de ce monsieur, pour savoir la maladie dont il avoit été attaqué. Je crachois, me dit il, presque continuellement du sang, et même un sang pur, vermeil et écumeux: une fois entr'autres, ajouta-t-il, j'eus un crachement de sang si abondant, qu'on fut obligé de me saigner plusieurs fois; et au lieu de diminuer par des saignées réitérées, il augmentoit encore; il fut même accompagné d'une grande fievre, et ce ne fut qu'avec peine, que le médecin à qui je confiai pour lors le soin de ma santé, put parvenir à faire passer cette fievre, et à appaiser le crachement de sang, qui ne fut pas long-temps sans reparoître.

On me conseilla pour lors l'usage théiforme de l'arnica; je ne différai pas d'un instant de me rendre à cet avis, et depuis que j'ai usé de cette plante, mon crachement de sang s'est arrêté totalement; il n'a plus reparu, et je me porte à présent assez bien, ainsi que vous pouvez en juger en me voyant. Effectivement Morat paroît actuellement jouir d'une très bonne santé, et même d'une constitution la plus saine.

Sa maladie, monsieur, ainsi que vous pouvez le remarquer par ses symptômes, étoit une vraie hémophthysie: vous pouvez donc ajouer l'usage de l'ARNICA aux différens remedes indiqués pour cette maladie; la dose doit être d'une bonne pincée de ses fleurs pour un demi-septier d'eau, mesure de Paris, à prendre soir et matin. Ce remede est des plus simples, des plus faciles, et en même temps des plus efficaces. J'ai prié Morat de me permettre, en faveur de l'humanité, de vous en faire part, afin de rendre public, comme vous avez coutume de faire de toutes les observations que je vous communique. Quelle estime ne devons-nous donc pas avoir pour l'ARNICA, après de pareilles cures! Nous voyons souvent, dit le docteur Jean-Michel Fehr, en parlant de cette plante, que tandis que nous recherchons avec trop de soin la nomenclature de certaines plantes, ou nous perdons presque de vue la plante elle-même, avec ses vertus les plus vantées, ou nous les laissons à discuter et à juger aux parfumeurs et femmelettes; c'est ce qui est arrivé au sujet de l'arnica, plante si utile et si salutaire; Dodoëns, ce fameux botaniste, n'en connoissoit pas le véritable nom, et la croyoit très rare; et après lui, Jean Bauhin. Cependant elle étoit déjà connue du vulgaire, principalement des mariniers; l'usage de cette plante étoit chez eux mêmes plus fréquent que chez quelques médecins et botanistes. Il est fâcheux, continue ce docteur, qu'on fasse quelquefois de grandes dépenses, et qu'on emploie beaucoup de temps et de travaux pour tirer des entrailles de la terre, même au danger de sa vie, quelque remede, qu'on prépare ensuite selon l'art, et qu'on purifie par la force du feu, pour le vendre simple, ou en faire un composé, que l'on distribue en grains et par petits paquets, souvent même avec ostentation, tandis que l'on néglige des remedes domestiques, et qui se trouvent par-tout. Ne vaudroit-il pas bien mieux, à l'imitation des premiers inventeurs de la médecine, et des modernes qui la pratiquent si heureusement à la Chine, dans le Japon, dans les autres parties des Indes, et même dans notre continent, où l'on trouve souvent dans les plantes de très-bons remedes, et même des spécifiques; ne vaudroit-il pas bien mieux, dis-je, se servir contre ces maladies, de remedes sûrs, simples et éprouvés, que de formuler de grandes ordonnances, qui souvent se contredisent par les remedes qu'on y fait entrer? Combien de plaies n'a point guéries avec son seul CHIRONIUM le médecin Chiron? Combien d'ulceres Telephe, roi de Mysie, avec son TELEPHIUM? Combien de coliques et de passions hystériques Artémise, reine de Carie, n'a-t-elle point appaisées, assoupies, guéries radicalement avec sa seule ARTHEMISIA? Le remede appellé MOXA, si célebre chez les Chinois et les Japonois pour guérir la goutte, se fait uniquement avec une herbe déssechée, qui porte le même nom, et qu'on envelope de coton en forme de cylindre ou de pyramide.

Mais revenons à l'arnica: il convient dans l'asthme et le catharre, dit le savant que je viens de citer; il fait éternuer, provoque puissamment les regles et les urines; il appaise les coliques et les douleurs hystériques, consolide les vaisseaux rompus: il est encore excellent pour chasser les graviers et le calcul; il excite facilement la sueur, et quelquefois le vomissement; c'est pourquoi il est très-bien indiqué dans les maladies chroniques et les fievres continues: mais dans les contusions et les chûtes, il est d'une si grande vertu, et passe pour si efficace pour dissoudre les grumeaux de sang arrêtés, qui gênent le mouvement et la respiration, qu'à peine trouveroit-on dans les trois règnes un remede aussi simple dans ces cas. On peut donc regarder cette plante comme un spécifique dans les chûtes; car aussi-tôt qu'on en a pris, elle se porte avec tant d'impétuosité vers le lieu affecté, et pénêtre si fort les grumeaux de sang, qu'on a observé qu'elle y avoit excité de violentes douleurs, et quelquefois une grande difficulté de respirer, sur-tout lorsque la dose est trop forte, et que le mal est opiniâtre et invétéré; on calme bientôt ces accidens, ou par un vomissement spontané, ou par l'ouverture de la veine. On fait usage de sa racine, de ses feuilles et de ses fleurs; la dose ne doit pas excéder deux bonnes pincées pour les personnes les plus robustes; elle est ordinairement d'une, ainsi que je vous l'ai observé; on l'emploie communement en décoction dans la bierre, ou en infusion dans de l'eau ordinaire; on peut aussi la faire infuser dans du vin médicinal avec d'autres drogues, pour plusieurs maladies du bas-ventre, de la matrice, de la ratte et de la vessie. On prépare encore une poudre sternutatoire excellente, avec ses feuilles et sa racine; mais sa principale vertu consiste à dissoudre le sang: c'est ce que prouve très-bien le docteur Jean-Michel Fehr, par plusieurs observations, que je pourrois rapporter ici avec des observations d'autres Médecins; mais je me contenterai de vous faire part de l'exrrait d'une lettre de M. Morand, médecin de Paris, adressée de Plombieres, où il étoit pour lors, à M. le Camus, aussi médecin de cette même Faculté, à l'occasion de l'arnica : c'est une plante, dit M. Morand, qui se trouve très-abondamment aux environs de cette ville, et principalement dans les plus hautes montagnes des Vosges; elle est aussi connue dans le pays sous la dénomination de tabac des capucins, ou de fleur de tabac. A Nancy et dans toute la Lorraine, on n'en fait pas seulement usage comme d'un sternutatoire, mais on la prescrit aussi comme alexitere, pour rétablir et augmenter dans toute l'habitude du corps, le mouvement du sang et des esprits ralentis par leur épaississement, ou par leur stagnation dans quelque partie : on s'en sert encore dans les fievres malignes. Feu M. Kast, premier médecin de feue la reine de Pologne, s'en servoit dans quelques maladies de poitrine, lorsqu'il étoit question de recourir aux incisifs ; la dose est de six grains, ou pour les sujets foibles, d'une petite pincée sur laquelle on verse quatre verres d'eau chaude. On m'a assuré dans ce pays-ci, que cette plante produit un effet singulier sur ceux qui en prennent, soit qu'on doive l'attribuer à une forte dose, soit qu'elle agisse de cette maniere ; elle cause d'abord un petit étourdissement, quelquefois même une espece de catalepsie légere et momentanée : elle est connue non seulement dans les montagnes des Vosges, mais elle croît encore plus abondamment dans les Alpes, sur la montagne de la Lance, auprès de Reveils, dans plusieurs endroits de la forêt d'Orléans ; elle se trouve sur-tout en abondance dans la Sologne : les Solognois et les Bucherons de la forêt d'Orléans, l'appellent grande bétoine, et la prennent en guise de tabac : c'est dans ces endroits qu'un botaniste doit chercher cette plante en fleurs, pour la voir dans son beau et dans son naturel ; car elle n'aime que les terreins incultes, et elle ne se plait jamais dans les jardins ; elle n'y vient qu'avec peine. Defunt M. Salerne, médecin d'Orléans, faisoit accommoder ses feuilles en carotte comme du tabac, et s'en servoit avec succès dans les maux de tête invétérés, pour les sujets pituiteux.

Collin médecin de Vienne dit avoir fait usage avec succès de l'arnica dans les fievres putrides, dans les intermittentes [illegible], dans la paralysie et la dyssenterie, [illegible] les cas d'hydropisie [illegible] où il [illegible] le plus grand succès, [illegible] sur des milliers de soldats [illegible] l'hôpital des pazmaniens.

DISSERTATION

EN FORME DE LETTRE,

SUR UNE PLANTE DU PAYS TOTALEMENT NEGLIGÉE; ET NÉANMOINS TRÈS UTILE POUR REMPLACER LE BLED DANS LES ANNÉES DE DISETTE, POUVANT AUSSI SERVIR DE FOURRAGE POUR LES BESTIAUX.

VOUS allez, Monsieur, chercher dans l'Amérique, des plantes propres a servir de nourriture à vos concitoyens, vous en tirez de la famille delétere des Solanums et vous en avez dans vos domaines d'infiniment supérieures, que vous negligez, plus analogues à votre climat et à votre tempérament : je pourrois vous en citer aujourd'hui trois des plus utiles et des plus intéressantes, mais je me contenterai pour le présent de vous en indiquer une qui l'emporte sur les deux autres par les parties nutritives et mucilagineuses, qui forment la substance de ses racines. Cette plante est connue en Bourgogne sous le nom d'Arnaute ou d'Annote, et en Lorraine sous celui de Macusson ; on la nomme aussi Minson, Mianson, gland de terre, elle est du genre des Lathyrus, ou Gesse, et s'appelle en botanique LATHYRUS TUBEROSUS, LATHYRUS PEDUNCULIS MULTIFLORIS, CIRRHIS DIPHYLLIS, FOLIOLIS OVALIBUS, NITERNODIIS NUDIS, Linn. sp. plant. 1033. LATHYRUS ARVENSIS TUBEROSUS, Bauh. pin. 344. Elle se trouve dans les champs à bleds en Bourgogne, en Lorraine et dans les parties méridionales de la France : les pourceaux, qui connoissent mieux la bonté de ses racines que nous, ont grand soin de les rechercher en terre, ils suivent même, pour l'ordinaire, le laboureur dans le mois de mars, pour avoir plus de facilité de les trouver par l'ouverture du sillon qu'à fait la charrue, et on remarque que pendant le temps que les pourceaux en mangent, ils sont beaucoup plus gras.

Les tiges de cette plante sont foibles, anguleuses, rameuses, couchées sur terre et s'étendent à la longueur d'un pied ou d'un pied et demi au plus, elles sont accompagnées de feuilles vertes, oblongues, inégales, attachées deux ensemble à des pedicules fort courts, finissant par des capréoles ou vrilles, qui s'accrochent a ce qu'ils rencontrent ; il naît aussi le long de ces rameaux aux aisselles des feuilles, d'autres pédicules beaucoup plus longs que les precédens, portant chacun trois ou quatre fleurs legumineuses, d'un beau rouge tirant sur le pourpre, d'une odeur qui n'est point desagréable ; chacune de ces fleurs est composée de 4 feuilles, ou petales, dont l'inferieure est la plus longue, les deux autres sont disposées en aîles de mouche, et la supérieure sert d'enveloppe à un pistil, qui sort du calice de la fleur ; il se change dans la suite en une gousse verte, oblongue, renfermant intérieurement trois ou quatre semences rondes ; ses racines sont des tubercules oblongs, glanduleux, de couleur noire en dehors et blanche en dedans, d'un goût doux approchant de celui des chataignes.

La bonté de cette plante est si connue, Monsieur, dans les Pays-Bas, qu'on est dans l'usage de l'y cultiver ; au reste sa culture n'est pas bien difficile, il lui faut une terre légere, vous en avez assez dans vos campagnes ; une prairie et une colline lui sont indifferentes pour croître, elle pullule beaucoup par ses racines. Si vous connoissiez en alimens leur bonté, vous ne differeriez pas de la multiplier par la culture,

A

vous parviendriez même psr-là à la bonifier de plus en plus ; rien n'est si commun que de la servir au dessert à Pont-a-Mousson, en guise de marrons, on la fait cuire sous la cendre ou dans de l'eau mise avec de la cendre.

On s'est appliqué a rechercher les différens procedés pour employer les pommes-de-terre, on en fait une fécule ; celle des racines de Macusson est beaucoup plus belle ; en pélant ces glands de terre, les coupant, et les fesant secher, on en tire par la moûtuse une farine propre a faire du pain, beaucoup plus nourrissante que celle de pommes-de-terre ; la partie mucilagineuse y domine d'avantage. On pourroit aussi tirer de cette plante un excellent amidon, et même de la poudre à poudrer.

Mais elle ne convient pas uniquement à l'homme, elle est aussi très propre par son fourage pour les bestiaux, les vaches qui s'en nourrissent donnent de l'excellent lait, et il n'est pas douteux, qu'on pourroit tirer de ses semences une bonne nourriture pour la volaille, ne differez donc pas, Monsieur, la culture d'une plante aussi intéressante, faitez en même faire dans vos domaines des prairies artificielles, la premiere année, vous en nourrirez vos bestiaux et la deuxieme vous en ferez arracher les racines pour votre nourriture.

Il n'est pas douteux que cette plante étant aussi douce et aussi sucrée qu'elle est, on en pourroit encore tirer du sucre, de même qu'on le peut faire de la betterave et de la carotte : notre plante est en outre très intéressante pour l'ornement des jardins, vous en pouvez former des touffes basses tres agréables dans vos allées, la beauté de ses fleurs le mérite bien.

Rien n'est a négliger pour une plante aussi intéressante, faites ramasser au printemps, [nous y allons entrer] dans vos champs, lorsqu'on les labourera, toutes les racines que la charrue pourra découvrir, plantez les dans un champ à ce destiné pour pouvoir en ramasser la graine, et par le moyen de cette graine que vous recueillerez dès la premiere année, vous serez a même de la multiplier d'avantage les années suivantes.

Dans une autre dissertation je vous ferai connoître la Terre-Noix, qui est une plante dont la racine est presqu'aussi utile pour la nourriture que celle dont je viens de vous entretenir.

Bunion Bulbocastaneum Lien La Terre noix.

DISSERTATION

EN FORME DE LETTRE,

SUR LA TERRE-NOIX,

SUR SON UTILITÉ POUR REMPLACER LE BLED DANS LES ANNÉES DE DISETTE.

DANS une de mes précedentes, je vous ai fait part de l'utilité du Macusson pour remplacer le bled dans les années de disette, dans celle-ci je vous entretiendrai d'une autre plante, qui ne cede presqu'en rien à cette premiere; elle croît communement dans les pâturages des hautes montagnes, on en voit sur celles du Dauphiné et de l'Auvergne; elle est très commune en Champagne, en Poitou; j'en ai rencontré aussi en Angleterre, sur les montagnes de St. Pierre, près des mines en Saxe, et dans les vignobles du Palatinat près la ville d'Odernheim; cette plante se nomme Terre-Noix, Chataigne de terre, Suron, Jaunote, Churle, Pasquenade, BUNIUM, BULBO-CASTANEUM, Linn. BULBO CASTANEUM MAJUS APII FOLIO, Pin. en allemand Erdnusser, en anglois Eurthnut Keippernut. Sa racine est bulbeuse, solide; sa tige est herbacée, foible; ses feuilles sont alternes, amplexicaules, aîlées, composées de folioles linéaires et très divisées, semblables aux feuilles du persil, ses fleurs sont rosacées, en ombelles, placées au sommet, avec 5 pétales en forme de cœur recourbés, presqu'egaux; l'ombelle universelle du calice est double, a 20 rayons plus petits, la partielle est très courte, serrée; l'envéloppe universelle est a plusieurs pieces, linéaire, courte; la partielle est soyeuse, de la longueur d'une petite ombelle, le périanthe propre est a peine visible; la corolle universelle est uniforme; tous les fleurons sont fertiles, la corolle propre est a 5 pétales pliés en forme de cœur, inegaux; les filamens des étamines sont au nombre de cinq, simples; les anthéres sont obrondes, le germe du pystil est inférieur aux deux styles, renfermant des stigmates obtus; le fruit est globuleux, a cinq stries, crenellé et partagé en deux; les semences sont au nombre de deux, convexes d'un côté, presqu'hémisphériques, striés, planes de l'autre.

Telle est, Monsieur, la description générique et spécifique de la Terre-Noix; Tournefort l'a placée dan sa 7e. classe destinée aux plantes ombelliferes, et Linné dans sa 5me qui comprend les plantes pentandriques dyginiques; si vous voulez en connoître la figure, consultez le FLORA DANICA, d'Œder, pl. 220, et l'histoire des plantes par Morison, T. 3, sect. 9, pl. 2, fig. 1. On ne se sert pas en médecine de cette plante, sa semence est d'un goût acre, mais elle mérite d'en occuper une dans la classe des plantes alimentaires. Les pauvres gens mangent sa racine crue, elle est aussi agréable au goût que la chataigne, si on la fait bouillir dans l'eau, elle n'en est pas moins bonne; elle fournit, je puis, Monsieur, vous l'assurer, une nourriture très saine, et d'autant plus facile à digerer, qu'elle contient beaucoup de particules aromatiques et savoureuses; l'usage de cette plante est très commun en Champagne, en Dauphiné et en Poitou, sa racine s'y mange en guise de navets, quelques uns la coupent par morceaux pour la faire cuire au four ou sous la cendre, on la mange même en salade comme la betterave; rien n'empêche aussi de la faire secher, de la mettre en poudre pour en préparer une bouillie en guise de sémoule; mais la meilleure façon de l'employer est en pain, après l'avoir auparavant reduite en farine, le pain que vous en fabriquerez sera beaucoup plus facile à digérer que celui de pommes de terre, j'en ai fait moi-même l'expérience, et j'ai eu tout lieu d'en être content; autrefois on assaisonnoit le pain ordinaire avec sa semence, ainsi qu'avec celle du carvi. Comme vous avez des domaines dans la partie de la Champagne où croît communement cette plante, vous y remarquerez que les cochons sont très frands de sa racine, ils la déterrent pour la manger, et s'engraissent bien vite en s'en nourrissant; je vous invite donc à la cultiver dans vos terres, vous trouverez dans elle une grande ressource contre les années de disette: la culture n'en est pas difficile, vous pouvez la multiplier par semences et par racines; comme elle naît naturellement dans les pâturages, elle multiplieroit très-bien dans les jardins. La culture de la Terre-Noix a très-bien reussi à feu le Sr. Rouyer, qui en avoit semé un petit carreau dans son jardin de botanique: je pense encore que vous pourriez retirer un autre avantage de cette plante, en nourrissant vos bestiaux avec ses feuilles.

La troisieme plante alimentaire dont je vous entretiendrai dans la suite, sera la Chataigne d'Eau.

DISSERTATION

SUR

LA CHATAIGNE D'EAU,

SUR SES PROPRIÉTÉS MÉDICINALES ET SUR LES AVANTAGES QU'ON EN PEUT TIRER COMME ALIMENS.

LA troisieme plante de la France, dont on pourroit tirer des grands avantages pour notre nourriture, est la Chataigne d'eau, la Macre, le Tribuloïde; cette plante pousse dès sa racine des feuilles larges d'un pouce, triangulaires, nerveuses, de figure rhomboïde, dentélées sur leurs bords, attachées à des queues longues, assez grosses; ses fleurs sont petites, composées chacune de quatre pétales blancs, disposés en croix, articulés à un pédicule arrondi, à la fleur succede un fruit, plus gros qu'un navet, noir, luisant, quand il est mur, garni de 3 ou 4 pointes dures, épineuses et recourbées, au milieu duquel se trouve une amande blanche formée en cœur, d'un goût doux assez agréable, semblable à celui de la chataigne, sa racine est longue, grêle, succulente, garnie d'espace en espace de beaucoup de fibres.

Les Botanistes nomment cette plante TRIBULUS AQUATICUS, pin. 194. J. B. 3. 775. TRIBULOIDES VULGARE AQUIS INNASCENS. Tourn. 564. TRAPA PETALIS FOLIORUM NUTANTIUM VENTRICOSIS. Linn. Hort Cliff. 483. Elle a plusieurs autres noms français outre ceux rapportés à la tête de cette Dissertation; on la nomme Tribule Aquatique, Cornouelle, Corruelle, Corniole, Chataigne cornue, Trefle d'eau, Saligot, Escharbot.

Plusieurs personnes prétendent que la Macre a donné lieu aux machines de fer pointues en tout sens, qu'on nomme chausse-trappes, et qu'on a la méthode de jeter çà et là, pendant la guerre, sur la route où l'ennemi doit passer, lorsqu'il prend la fuite.

Cette plante croît dans les lacs, les étangs, les marais, les fossés de ville, aux bords des rivieres: on en voit beaucoup dans la Franche-Comté, la Bourgogne, notamment aux environs de Citeaux, dans le Limousin, l'Alsace, le Maine et l'Anjou.

On attribue au fruit de cette plante une vertu astringente, rafraichissante, et resolutive, elle est fort bonne pour arréter le cours de ventre et les hémorrhagies; on s'en sert extérieurement, on la pile pour en faire des cataplasmes dans les inflammations; sa décoction avec du miel, forme un gargarisme très propre pour les gencives ulcerées, et son suc est estimé pour les ophtalmies.

Ce ne sont pas là les seules propriétés de cette plante, les principales sont d'êtres alimentaires: les Anciens et les Modernes en ont usé en cette qualité. Si on en croit Pline, les habitans du Nil en faisoient un pain très substantiel, pourquoi n'en ferions-nous pas de même? ils engraissoient encore leurs chevaux avec ses feuilles; on fait cuire les Macres, où chataignes d'eau, tantôt sous la cendre, tantôt dans de l'eau bouillante pour les manger en guise de chataignes; les Franc-Comtois en mangent beaucoup; dans le Limousin on en fait du pain et une espece de bouillie; on fait cuire dans l'eau les amandes, et après les avoir depouillées de leur écorce, on les pile dans des mortiers de bois, et sans y ajouter ni eau, ni lait, on en prépare un mets qui plait beauconp aux enfans; plusieurs personnes les mangent crues; à Bezançon et à Angers on en vend sur les marchés.

DISSERTATION

EN FORME DE LETTRE,

SUR LES VERTUS CONSTATEES DU TREFLE D'EAU, POUR LA GUERISON DE PLUSIEURS MALADIES, PRINCIPALEMENT DU SCORBUT.

LA plante sur laquelle vous me demandez des explications, mérite sans contredit notre attention. Dès l'année 1682, M. Duclos, membre de l'académie royale des sciences de cette ville, a fait part à sa savante compagnie, des vertus de sa décoction pour guérir le scorbut; et en 1675, J. V. Willius, danois de nation, a publié les expériences qu'il a faites à son occasion pour la cure de plusieurs maladies; ce sont ses expériences que je veux, Monsieur, actuellement vous rapporter; le trefle aquatique ne devroit pas être aussi négligé qu'il a coutume de l'être; c'est une conséquence que vous ne manquerez pas de tirer du contenu de cette lettre.

La premiere maladie pour laquelle le docteur Willius s'en est servi, est le scorbut; plusieurs personnes qui en étoient attaquées, de l'un et de l'autre sexe, se sont déaj présentées à moi pour être traitées: elles avoient les jambes ulcérées et si douloureuses, que malgré l'inclination naturelle que nous avons pour la vie, à peine s'en soucioient-elles; le trefle aquatique fut le seul remede auquel j'eus alors recours; ce qui m'y engagea sur-tout, étoit l'éloge qu'en faisoit le docteur Simon Pauli; je faisois en conséquence bouillir dans de la petite bierre un peu vieille, quelques poignées de ses feuilles, quand c'étoit la saison de l'été ou de l'automne; et seulement de ses tiges, quand c'étoit au printems ou en hiver; je prescrivois à mes malades, trois fois par jour, un verre de cette décoction; un le matin, l'autre à midi, et le troisieme en se couchant; je leur faisois en même-temps laver leurs jambes avec une décoction tiede de toute la plante dans de l'eau de mer, en cas néanmoins qu'il ne se trouve pas pour lors trop d'inflammation; je leur conseillois en outre d'appliquer sur leurs ulceres des feuilles vertes de cette même plante, et à défaut de fraîches, d'employer des seches, après néanmoins les avoir laissé revenir pendant deux jours dans l'eau distillée aussi de la même plante. De tous les scorbutiques que j'ai traités avec cette seule méthode, il ne s'en est trouvé aucun qui n'ait été guéri, les uns dans l'espace de huit jours, et les autres un peu plus tard.

La servante du meûnier de Drabye, (c'est toujours notre auteur qui parle) avoit depuis un an et demi toute la jambe droite rongée d'un ulcere: elle me consulta sur son état; je ne lui prescrivis pour tout remede intérieur, que la décoction de trefle aquatique dans la bierre, et je lui dis en même-temps d'appliquer sur l'ulcere, qui se trouvoit être de la grandeur de la main, des feuilles pilées de la même plante, avec celle de plantain, d'alliaire, et de millepertuis. Le malade récupéra, par ces seuls remedes, une santé parfaite.

Le domestique du pasteur de Schudelaud portoit depuis fort long-temps dans l'aîne, une tumeur considérable, qui s'étoit ouverte, et avoit formé un ulcere scorbutique de très-mauvais caractere; il fit usage de la décoction du trefle aquatique, s'en bassina l'ulcere, et se procura en même-temps une sueur abondante, par le moyen de quinze gouttes d'esprit de corne-de-cerf, qu'il associa à une once et demie d'eau distillée de la plante dont il s'agit; en peu de temps il se trouva parfaitement rétabli.

Vous pensez peut-être, Monsieur, que le trefle aquatique n'est bon que pour le scorbut: vous vous trompez; il n'est pas moins salutaire dans l'hydropisie, quelqu'invétérée qu'elle soit; c'est ce que nous apprend le docteur Willius.

Un domestique de Drabye, dit cet auteur, qui avoit eu, trois ans auparavant, une hydropisie ascite, dont il avoit été guéri, est tombé dans la même maladie au commencement de l'hiver 1674: insensiblement ses jambes s'enflerent, son ventre se remplit, il perdit l'appetit, il lui survint des anxiétés dans toute la région précordiale, la difficulté de respirer augmenta, tout son corps s'exténua, et ses forces manquerent au point qu'il fut obligé de garder le lit aux approches du printemps. Ce fut au mois d'avril que je fus appellé pour le traiter; je lui prescrivis pour remede l'infusion suivante :

Prenez trefle d'eau trois poignées, racines d'aulnée et de raifort sauvage, de chacune une poignée; des feuilles de dompte-venin et des fleurs de buglosse aussi de chacune une poignée; après avoir coupé, haché, et lavé toutes ces plantes, faites-les infuser à chaud dans cinq pots de petit-lait, et donnez-en par jour au malade trois bons verres environ de sept à huit onces. Quinze jours après que le malade eut commencé l'usage de ce remede, je le trouvai dans les champs, continue notre auteur; il travailloit avec ses camarades aux différens ouvrages de la campagne, de même que s'il n'eût pas été malade. Après m'avoir fait mille remerciements, il m'assura que, dès la premiere prise de l'infusion susdite, il s'étoit apperçu d'un changement total; que depuis ce temps, il n'avoit cessé de rendre de l'urine abondamment; qu'actuellement il respiroit avec toute liberté, et ne sentoit nulle incommodité, ayant pour tout mal un apétit dévorant: cependant je lui conseillai beaucoup de ménagement, et la continuation de l'usage de l'infusion seulement à la dose de deux verres par jour; c'est ainsi que ce malade parvint à récupérer son état de santé. Le trefle d'eau est encore un remede excellent pour les fievres intermittentes, suivant Willius.

Il régnoit en 1674, je vous parle toujours, monsieur, d'après l'auteur cité, des fievres intermittentes de différens caracteres, tant simples que composées, qui attaquoient indistinctement toute personne de quelque sexe et de quelqu'âge qu'elle fût : je faisois prendre à mes malades, le jour de l'intermission, un grand verre de petite bierre, dans laquelle j'avois fait bouillir précédemment quelques poignées de trefle d'eau, et de jeunes pousses de sureau, ou même de l'écorce moyenne de cet arbre; par le moyen de cette décoction, je purgeois copieusement la plupart de mes malades; quelques-uns même vomissoient plusieurs fois; étant ainsi purgés, je leur prescrivois, aux approches de l'accès, la poudre suivante, ayant sur-tout attention d'en varier la dose, suivant les différens âges.

Prenez du trefle d'eau pulvérisé un demi-gros, du crystal minéral un scrupule; mêlez et donnez au malade, un peu avant l'accès, dans un verre de décoction chaude de trefle d'eau; par le moyen de ce traitement, je parvins à guérir plusieurs de mes malades, mais tous ne le furent pas; j'éprouvai pour lors plus d'efficacité dans la lessive des cendres du trefle d'eau, que dans mon autre remede. De vingt-trois malades (continue toujours notre auteur) auxquels je donnai de cette lessive pour leurs fievres intermittentes, cinq seulement se trouverent obligés d'en prendre trois fois; deux d'entr'eux furent guéris après deux prises, et tous les autres n'eurent besoin d'en faire usage qu'une seule fois. Pour préparer ce remede si efficace, je prenois deux poignées de cendres de la plante, je les faisois infuser pendant une nuit entiere dans six onces de l'eau distillée de la même plante, à laquelle eau je donne le nom d'eau spiritueuse de trefle aquatique; je filtrois ensuite cette lessive, et je la cohobois plusieurs fois de suite. Le jour de l'intermission, après avoir donné à mes malades un verre de la décoction, dont j'ai rapporté plus haut la préparation, je leur faisois prendre de cette lessive tiede, à la dose de deux ou trois onces pour un enfant, et de trois ou quatre pour un adulte. De tous ceux qui en prenoient, il n'y en avoit aucun qui ne suât abondamment; quelques-uns rendirent même plus d'urine qu'à leur ordinaire; et tous en général eurent un accès plus court. J'ajouterai cependant ici (c'est toujours l'auteur qui parle) que je permettois a mes malades de boire, pour se désaltérer, dans le chaud de la fievre, mais uniquement de la décoction du trefle d'eau.

Outre les fievres intermittentes bénignes, qui regnerent pendant le courant de l'année 1674, il y eut encore des fievres malignes à la fin de l'hiver; et c'est aussi par le moyen du trefle d'eau que notre auteur les a traitées : ce qui lui a pareillement réussi.

Voici, monsieur, la façon avec laquelle il le préparoit pour ces maladies :

On prend, dit-il, à volonté de la rapure de corne-de-cerf, on verse par-dessus de la lessive de trefle d'eau, en quantité suffisante, pour que la rapure s'en trouve bien imbibée; on place ce mélange dans un endroit tempéré, pendant un jour; il se change pour lors dans un mucilage gélatineux; on coupe ce mucilage par petits morceaux; on étend ces morceaux sur du papier, et on les y fait sécher lentement ; après quoi on les réduit en poudre ; on imbibe de nouveau cette poudre de la lessive susdite, pour en former une pâte mucilagineuse, qu'on fait sécher, qu'on réduit encore en poudre, et qu'on humecte de nouveau ; cette opération se recommence jusqu'à trois fois : on a pour lors un excellent remede dans les fievres malignes : sa dose est depuis un demi-gros jusqu'à un gros, et même quatre scrupules dans l'eau distillée de la même plante.

La paralysie est une maladie assez difficile à traiter ; cependant le docteur Willius en a guéri plusieurs par le moyen du trefle d'eau : un seul exemple suffit pour vous prouver, monsieur, les bons effets de cette plante dans cette maladie.

Un jeune homme de vingt-cinq ans, dit Willius, qui avoit passé tout l'été de 1674, sans se ménager d'aucune maniere, fut saisi de froid sur la fin de septembre, pour avoir eu l'imprudence de sortir par un mauvais temps, en habit d'été ; il perdit tout-a-coup le mouvement de toutes les parties du côté droit, qui devinrent froides, et il sentit dès l'instant de grandes douleurs dans l'épaule, dans le coude, dans le poignet, dans la hanche, dans le genou et sur le coudepied. (Cette observation désigne, monsieur, un rhumatisme plutôt qu'une paralysie.) Dés que le malade fut de retour chez lui, je lui fis garder le lit, et en même temps bassiner le côté malade avec la décoction suivante.

On prit pour cette décoction trois poignées de trefle d'eau et une poignée d'yvette ; on fit bouillir le tout dans environ quatre pintes d'eau de mer, et on ajouta à la colature huit onces d'eau-de-vie de grains ; je lui prescrivis ensuite intérieurement une forte dose de décoction de trefle d'eau dans la bierre : le malade sua en quantité pendant la nuit ; le lendemain ses douleurs furent entierement calmées, et le mouvement lui étoit tellement revenu, qu'il pouvoit déjà se tenir un peu sur ses jambes, s'asseoir et écrire. Cependant il but encore le matin un verre de la décoction de la même plante dans l'eau, et se fit bassiner les parties affectées comme la veille ; le soir il s'exposa encore à l'air froid pendant quelques heures ; mais cependant le même accident ne lui revint pas.

Le même auteur rapporte qu'il s'est encore servi pour lui-même du trefle d'eau dans les catarres ; il en fumoit pour lors les feuilles en guise de tabac, et elles lui réussissoient si bien, qu'après avoir expectoré beaucoup de phlegmes, sa tête en devenoit plus libre, plus légere, et plus propre à l'étude. Plusieurs personnes, ajoute-t-il, ont essayé, à mon exemple, de fumer de cette plante, et s'en sont si bien trouvées, qu'elles en faisoient même leurs délices. Willius prétend encore que l'eau distillée de trefle d'eau convient dans les maladies des yeux.

Un vieillard de soixante ans, qui étoit devenu un peu sourd depuis trois semaines, récupéra l'ouï, tant par l'usage intérieur de la décoction du trefle d'eau, qu'en insérant dans ses oreilles un peu de coton imbibé de quelques gouttes d'huile essentielle de la même plante.

Un menuisier âgé de trente ans, vers la fin de septembre 1674, sentit une légere douleur dans l'oreille droite ; il en sortit aussi-tôt une grande quantité de matiere sanieuse et purulente : la douleur cessa pour lors ; mais il n'entendit plus du tout de cette même oreille ; le seul soulagement qu'il put trouver à cette surdité, fut de fumer souvent du trefle d'eau en guise de tabac : il mettoit cependant en même-temps dans son oreille de l'huile essentielle de cette plante, mêlée avec celle de corne-de-cerf, et prenoit aussi intérieurement de l'infusion de trefle aquatique dans de la bierre.

Outre les propriétés détaillées du trefle d'eau, il a encore celle d'être catartique ; il purge souvent par haut et par bas. Willius en rapporte plusieurs exemples ; il donne aussi cette plante comme un remede souverain pour faciliter l'accouchement ; mais comme, par l'exemple que l'auteur rapporte, il paroît qu'il a associé le trefle d'eau à d'autres remedes, dont les vertus sont universellement reconnues pour cette maladie, c'est plutôt à ces remedes qu'au trefle d'eau, que la femme proposée dans ce cas a dû être redevable de son soulagement.

Le détail dans lequel je suis entré à l'occasion du trefle aquatique, doit, monsieur, vous convaincre de ses vertus. Le continuateur de la matiere médicale de M. Geoffroy, dit que cette plante contient du sel ammoniac enveloppé de soufre et de parties terrestres : c'est par cette raison qu'il prétend qu'elle est propre contre le scorbut, la goutte, la cachexie et l'hydropisie. Dans le paroxisme de la goutte, le malade boira, de quatre heures en quatre heures, un verre de sa décoction, ayant en même-temps la précaution d'en appliquer le marc sur la partie affectée. Sa semence, ajoute cet auteur, s'emploie contre la toux invétérée et l'asthme humide; elle incise puissamment et détache les humeurs glaireuses, qui farcissent les bronches du poumon. Simon Pauli lui donne la préférence sur le cochléaria pour guérir le scorbut; il en donnoit ordinairement le suc mêlé avec le petit-lait dans cette maladie, de même que dans l'hydropisie et la goutte. On tire encore de la même plante un extrait, un sel, et l'on en fait aussi un sirop : toutes ces préparations ont les mêmes qualités, et se prennent commodément, sans causer de dégoût aux malades.

Les medecins d'Allemagne regardent le trefle d'eau comme une panacée dans presque toutes les maladies désespérées; et ils emploient non-seulement les feuilles et la tige, mais encore les racines: quand ils prescrivent les racines, c'est sous la formule suivante :

Prenez des racines de trefle d'eau lavées et ratissées, une once; faites-les bouillir doucement dans trois livres d'eau, que vous réduirez à deux; ajoutez-y sur la fin, des feuilles de cette plante et de cresson de fontaine, de chacun une poignée; retirez le vaisseau du feu après quelques bouillons, et passez la liqueur par un linge, pour prendre tiede de quatre heures en quatre heures, à la dose d'un verre, dans le scorbut, la goutte et l'hydropisie.

Après vous avoir si fort vanté le trefle aquatique, il convient, monsieur, de vous le faire connoître; vous êtes même en droit de l'exiger de moi. Sa racine est horizontale et articulée, sa tige grêle et cylindrique; et s'éleve du milieu des feuilles à la hauteur d'un pied et demi en se recourbant; ses feuilles sont radicales, dont les pétioles sont en maniere de gaine; elles sont en outre digitées trois à trois, ayant leurs folioles ovales et entieres : le trefle aquatique, ou ményanthe, a encore des feuilles florales, en forme de filets, et amplexicaules; ses fleurs sont rassemblées en bouquets, infundibuliformes, découpées profondément en cinq parties ovales, pointues, velues, recourbées et ouvertes; son fruit est une capsule ovale, entourée en calice, uniloculaire, renfermant plusieurs semences ovales et petites. Les botanistes nomment cette plante *menyanthes palustre, latifolium et triphyllum*. Tourn. *Menyanthes trifoliata*. Linn. Elle est perennelle, et se trouve pour l'ordinaire dans les marais et autres lieux aquatiques, en terre maigre. Quand elle est hors de l'eau, elle ne dure pas long-temps; vous en rencontrerez dans plusieurs endroits des environs de cette capitale : le temps de sa fleur est en mai ou juin. . . . . .

A Paris, chez BUC'HOZ, auteur de cette dissertation, rue Haute-Feuille., n°. 26.

On trouve aussi, chez le même auteur, différentes dissertations sur la médecine, sur les animaux, les végétaux et les minéraux, ornées de planches supérieurement enluminées.

De l'imprimerie de Courcier, rue Poupée, n°. 5.

DISSERTATION

SUR LA CÉVADILLE,

SA DESCRIPTION, SES PROPRIÉTÉS,

Et principalement pour faire mourir les Insectes et les Vers, même le Vers solitaire.

DEPUIS long-tems on emploie dans la pharmacie la semence de cévadille *sabadilli seu sabadillae semen*, sans connoître la plante d'où elle provient; nous savions seulement qu'elle nous venoit du Méxique; Monardés est le premier auteur qui en ait fait mention; il prétendoit que la plante d'où on tiroit cette semence, avoit beaucoup de ressemblance avec l'orge, aussi l'appelloit-il *le petit orge*. C. Bauhin, dans son *Theatrum Bot.* l'appelle l'orge caustique, et Haller la rapporte au genre du *delphinium* ou de l'aconit. Retz paroît avoir résout la question par la description qu'il en donne; il la range parmi les *veratrum*, aussi Gmelin la place-t-il parmi les plantes de ce genre dans la nouvelle édition qu'il a donné du *Sistema naturae* de Linné, et il la nomme *veratrum sabadilla, veratrum racemo symplici, floribus secundis pedunculatis subnutantibus. ed. 15, t. 2, part. 1.* mais sa description, qui a été faite sur un individu sec, pourroit peut-être encore nous laisser quelque doute.

Sa grappe est en épis, elle paroît simple, à fleur, d'un même côté de la tige, penchées, et à pédicules d'un noir pourpre; ses fleurs sont hermaphrodites ou mâles, les hermaphrodites sont sans calyce, leur corolle est à six pétales ovales, dont trois sont extérieures, les étamines sont au nombre de six, insérées à la base de la corolle, à filamens inférieurement plus larges, persistant; les pystiles sont au nombre de trois, à germes oblongs, glabres, à styles très-courts; les stygmates sont simples; les capsules sont au nombre de trois, oblongues, tronquées à un de leurs sommets; les fleurs mâles sont en tout semblables aux hermaphrodites, excepté le pystil, à la place duquel on remarque un rudiment.

On nous apporte de la nouvelle Espagne, sous le nom de cévadille, un mêlange de semences, ou nuës, ou renfermées dans leurs capsules; de capsules ou entières, ou froissées, et de différens pédicules de la fleur ou de péduncules, et toujours en proportion inégale.

Dans les boutiques on mêle quelquefois, par fraude, au rapport de Gleditsch, un tiers, un quart, et même plus de semences de persil, broyées en poudre, ou de la semence de poivre blanc, et même d'ellébore blanc; les capsules de la cévadille sont amères au goût, et quelquefois elles n'ont presqu'aucune amertume. Les semences sont très-âcres, d'une amertume désagréable, piquant la langue, et occasionnant des nausées, elles affectent aussi les lèvres, et provoquent la salivation, même pendant plusieurs heures; elles n'ont néanmoins aucune odeur, mais la poudre tirée par les narines fait éternuer, c'est un excellent errhin. Leur infusion aqueuse est très-âcre et même caustique, de même que l'infusion spiritueuse; mais celle-ci répand une odeur forte et aromatique. L'extrait aqueux absorbe environ la huitième partie du poids des semences, et le spiritueux presque le quart: ces mêmes semences, réduites en poudre, perdent par le laps de tems leurs vertus, aussi ne les pulvérise-t-on que quelques momens avant de s'en servir.

Les animaux qui mangent de ces semences en sont très-vivement affectés, et non-seulement elles font périr les insectes et les vers, mais elles sont encore très-nuisibles aux quadrupèdes; des chats auxquels on n'en avoit donné qu'une pincée, en ont ressenti des spasmes très-violens, et un demi-gros donné à des chiens les a fait vomir, et leur a occasionné des convulsions violentes. Rien n'est meilleur pour détruire les punaises, aussi insère-t-on leur poudre dans les creux ou fentes, ou se nichent ces insectes; on fait même pour cet effet des lotions avec une livre de vinaigre sur deux onces de cévadilles, qu'on met ensemble en digestion pendant deux jours; mais la principale vertu, et la plus expérimentée en France, est pour détruire les poux, aussi l'appelle-t-on *poudre de capucin*.

Si une tête se trouve infectée de poux, après avoir pommadé ou huilé les cheveux, on y répand de la poudre de cévadille, on jette pareillement de cette poudre sur les lits, les linges et les habillemens où il s'en trouve; les poux s'enfuient aussitôt ou périssent; on est parvenu dans les hôpitaux militaires à détruire cette vermine en aspergeant les lits, les habits, et même les pavés avec la décoction de semence de cévadille, et de feuilles de tabacs; il se trouve des personnes qui ne se ressentent d'aucune incommodité de la destruction des poux; mais il n'en est pas de même de toutes personnes indistinctement, il est même dangereux de les faire périr, lorsqu'on a des açores à la tête, il se fait par la une résoption d'humeurs; un jeune homme, sur la tête duquel on avoit répandu une quantité de cette poudre est devenu fou, et n'a récupéré l'usage de sa raison qu'en lavant sa tête avec de l'eau fraîche; un enfant de cinq à six mois est mort de convulsions pour avoir mis de cette poudre sur sa tête. Aussi Rosenstrain, qui a traité des maladies des enfans, et qui, dans sa première édition, avoit fait l'éloge de cette poudre, a été obligé de la retrancher dans la seconde édition. Monardés a recommandé anciennement la cévadille contre la gangrène, les ulcères putrides, etc. mais comme elle n'a pas toujours réussi, on en a abandonné l'usage dans ces cas.

Une femme qui avoit pris indistinctement, soit par inadvertance, soit par imprudence, de la poudre de semence de cévadille, ressentit des douleurs violentes dans l'estomac, et eut des nausées ou envies de vomir, dont elle ne put se guérir qu'en se provoquant le vomissement, et qu'en buvant de la décoction de graines de lin.

Cependant tous ces accidens funestes n'ont pas empêché quelques praticiens d'en faire prendre intérieurement aux hommes, et même à des doses assez fortes pour détruire en eux les vers, de quelques espèces qu'ils soient; nous n'osons accorder nos suffrages à une pareille témérité, ou du moins nous ne pouvons recommander assez de précautions dans l'usage intérieur de ce remède.

Carger, médecin Suédois, dit néanmoins s'être servi, avec efficacité, de la cévadille pour la destruction des vers, et en effet il est de fait que la poudre jettée sur les lombrics et les ascarides leur occasionne de violentes convulsions, et les fait à l'instant mourir.

Schméeker et Hagstrom prétendent que la poudre de cévadille, donnée à dose convenable, ne nuit pas même aux plus petits enfans; Séeliger dit avoir expulsé deux fois le tænia, en donnant tous les matins, pendant quatorze jours, aux malades un demi-gros de cévadille en poudre et en bol, mêlée avec du miel, et un bon purgatif tous les cinq jours avec des drastiques; les vers partent par petits morceaux avec une grande quantité de matière muqueuse; il s'est trouvé des malades attaquées de mélancholie, en avoir été guéris par la destruction de la matière vermineuse. Schméeker fait aussi mention de malades qu'il a guérit du tænia par la cévadille; et il assure même que ce remède est plus efficace que celui de Madame Nouffer; il seroit à desirer que ceux qui ont fait mention de ces guérisons, eussent désigné l'espèce de tænia qu'ils ont fait périr, cependant Harz fait mention spécialement du *taenia solium*, dont plusieurs articulations étoient sortis précédemment du corps d'un enfant de six mois, et dont il est parti encore une portion longue de deux aulnes et un quart, ayant une extrémité extrêmement amincie, après avoir fait usage, à deux fois différentes, d'une cuillerée d'un électuaire composé d'un scrupule de cévadille, et de deux onces et demi de syrop de rhubarbe, et depuis cet enfant ne s'en est plus ressenti.

Les ascarides qui nichent pour l'ordinaire dans l'intestin *rectum*, périssent aussi par l'usage de lavemens composés de deux onces de cévadille et de dix onces d'eau, qu'on réduit à sept, et en y ajoutant l'usage intérieur des pilules de cévadille et de miel. La cévadille prise en poudre ou en pillules est donc très-bonne pour détruire les vers, mais comment en faire usage, c'est ce que nous allons rapporter.

On réduit en poudre fine les capsules du fruit, conjointement avec les semences, on purge ensuite le malade avec de la rhubarbe et du sel de Glauber; le lendemain matin on lui donne une poudre composée d'un gros de la poudre ci-dessus, et de pareilles quantité d'*oleo saccharum* de fenouil et par-dessus une tasse ou deux d'infusion de camomille ou de fleurs de sureau; le vomissement survient, et en même tems se fait l'éjection vermineuse par la bouche, si les vers habitent l'estomach, on réitérera au malade de la même poudre le jour suivant, ce qui produit le même effet. quand on n'apperçoit point de vers, et que cependant on en soupçonne dans le malade, on continue la même poudre, avec la différence qu'on n'en donnera que la moitié le matin et l'autre moitié le soir; il en sera de même le quatrième jour, mais le cinquième on purgera le malade avec un demi gros de rhubarbe et quatre grains de résine préparée. Le sixième jour on donnera au malade trois bols, dont chacune contiendra cinq grains de cévadille incorporée avec suffisante quantité de miel épurée, ce qu'on réitérera matin et soir pendant quatre jours, et le cinquième on en reviendra à la purgation ci-dessus, jusqu'à ce qu'il n'y ait plus aucune apparence de matières muqueuses, il faut au moins vingt jours pour le traitement.

A l'égard des enfans, depuis deux ans jusqu'à quatre, le remède ne doit être composé que de deux grains de cévadille, mêlés avec une petite cuillerée de syrop de rhubarbe, et par-dessus de l'infusion de sureau, coupée avec du lait, ce qu'on réitérera le soir, on le purgera avec dix à douze grains de rhubarbe, après quoi on reviendra au remède ci-dessus; si les personnes auxquelles on donne de la cévadille sont âgées, on fera bien de les purger avec du mercure doux, mais nous observerons ici que la cévadille mêlée avec du miel et prise en bol, est préférable à l'usage de la poudre simple; et en effet celle-ci occasionne presqu'aussitôt une chaleur vive dans l'estomac, qu'on ne ressent pas lorsqu'on avale de la cévadille mêlée avec du miel; quand on prend la poudre seule, elle occasionne ordinairement des vomissemens et des purgations. Bloch ne paroît pas approuver l'usage intérieur de la cévadille, en ce que ce remède est trop violent, et s'il est anthelmentique, comme on le prétend, c'est moins à sa qualité anti-vermineuse qu'on doit attribuer l'éjection du tænia, qu'à sa propriété émétique.

Comme les vers occasionnent quelquefois l'épilepsie ou des convulsions, il n'est pas douteux que la cévadille, si elle est vermineuse, doit pareillement guérir les accidens qui en proviennent.

On vient de communiquer, tout récemment, à la Société de Médecine un Mémoire qui constate l'efficacité de la cévadille pour la guérison du vers solitaire; nous avons déjà donné à son sujet une Dissertation, et nous avons rapporté la manière avec laquelle nous nous en sommes guéris; nous avons aussi publiés une autre Dissertation sur le *Spigelia anthelmentica*, vermifuge très-efficace. *Voy.* ces deux Dissertations dans notre Traité physique et économique des trois règnes, part. 2, concernant l'homme, et dont cette dissertation fait partie, et se trouve classée dans le 4e vol. de la 4e part. concernant le règne végétal.

On trouve cette Dissertation, de même que près de 282 autres, chez l'Auteur, rue Hautefeuille, n°. 26.

DISSERTATION SUR L'ORTIE GRIECHE,

SUR SES PROPRIÉTÉS POUR NOURIR LES BESTIAUX,

SUR LA FILASSE QU'ON EN PEUT TIRER,

Sur les avantages qui en résultent pour la médecine humaine et vétérinaire, et principalement pour guérir la gangrene,

SUR L'EMPLOI QU'ON EN PEUT FAIRE DANS LA TEINTURE, LA FILATURE,

ET SUR L'UTILITÉ DE SA CULTURE POUR L'ÉCONOMIE RURALE.

CETTE Dissertatiou est la 278ᵉ de toutes celles que nous avons publiées sur la médecine des hommes et des animaux, sur l'histoire des trois règnes de la nature, sur l'agriculture, le jardinage, l'économie rurale, et sur les sciences et arts; nous tâcherons toujours de nous rendre de plus en plus utiles à notre patrie, malgré son ingratitude à notre égard, et sa prodigalité envers des individus, dont elle ne tire aucun avantage, aussi ne tarderons-nous pas de sonner le tocsin par toute la terre, et de le joindre à notre Appel à l'univers entier. En attendant, dans cette Dissertation nous tirerons de l'oubli et de l'obscurité en mémoire du triomphe des sciences et des arts, et de notre anéantissement pour les avoir cultivées, une plante que nous méprisons, et qui néanmoins est très-avantageuse, c'est de l'ortie grièche que nous entretiendrons nos lecteurs, nous nous garderons bien d'en donner ici la description, elle se rencontre à tous momens sur nos pas, le moindre paysan la connoît sans en faire usage; si nous sommes obligés de décrire dans la suite l'ortie grièche, la grande ortie, l'ortie, *urtica urens maxima*, *urtica dioica. Linn.* nous en réserverons la description pour la dissertation qui traitera de toutes les espèces d'orties, elles sont en grand nombre; celle, dont nous faisons mention, est vivace et croît naturellement dans les jardins et au bord des champs; toutes ses parties sont couvertes de poils articulés et causent des inflammations sur la peau; pour peu qu'on touche une ortie fraîche, elle cause une douleur très-subtile à la main, sans même qu'il y entre aucun de ses aiguillons; ils sont creux en dedans, et lorsque la plante est jeune, il s'en distille un suc vert, âcre, qui se dissipe à mesure que l'ortie vieillit et se sèche, et c'est ce suc qui occasionne, suivant Lewenhoock, la douleur; cependant ceux qui ont les mains endurcies, ne ressentent aucun mal, quand ils empoignent hardiment une ortie, et la raison en est bien simple, c'est que les aiguillons, qui se trouvent tendres, se rompent aussitôt.

Dans le pays Messin, département de la Moselle, rien n'est plus commun que de se servir des racines d'orties pour teindre en jaune les œufs dans le temps de Pâques; et pourquoi ne pas l'employer pour teindre les étoffes? c'est une expérience à faire.

Les orties hachées et mêlées avec du lait caillé font une nourriture excellente pour les dindonneaux. Tous les oiseaux, de la famille des poules, aiment beaucoup les orties sur pied, pour se mettre à l'abri pendant les chaleurs de l'été, des ardeurs du soleil. Dans quelques départemens de la République on donne, pendant l'été, les feuilles fraîches d'orties aux vaches, et pendant l'hiver les feuilles sèches; mais il faut pour lors que ces feuilles ayent été séchées à l'ombre; cette nourriture peut donc suppléer à d'autres dans les années de disette. Si on donne, pendant l'hyver, aux poules de la graine d'orties bien mure, elle les échauffe et les fait pondre plutôt, les feuilles de cette même plante, séches et cuites dans l'eau, produisent le même effet. C'est ordinairement pour les chevaux une marque de bonne santé et de vigueur, quand ils sont gras, et lorsqu'ils ont leurs poils bien lisses et luisans; on doit donc regarder comme salubre la nourriture qui produit sur eux ces deux effets, on assure que la poudre de la graine d'orties a cette vertu, aussi les Danois en donnent-ils constamment pour nourriture à leurs chevaux, ils cueillent même les graines des grandes orties les plus piquantes, ils les font sécher au soleil, et, après les avoir pulvérisées, ils en mêlent une poignée dans l'avoine, qu'ils présentent à leurs chevaux soir et matin; cet aliment, assure-t-on, conserve les chevaux, non seulement en bon état, mais il les garantit encore et les guérit même de plusieurs maladies.

On a observé que si on fait bouillir avec des orties de la viande dure, on parvient à la rendre tendre; rien ne la conserve mieux, de même que les volailles, les poissons et les écrevisses, que de les mettre dans des feuilles d'orties.

On peut aussi se procurer, par le moyen de l'ortie, de la filasse propre à faire de la toile, on en fait à cet effet la récolte dans les mois d'août et de septembre, on reconnoît qu'elle est mure lorsqu'elle panche, que ses feuilles sont fanées, que ses tiges sont jaunâtres ou d'un rouge pâle, et que sa graine se détache facilement de son enveloppe. On se sert, pour la couper, d'une faucille pareille à celle qu'on emploie pour le bled; on se munit d'une bonne paire de gants, si on veut se garantir des piqures; on coupe les tiges par les racines sans les arracher, on les étend sur un pré pendant deux jours pour les faire sécher, et pour que les feuilles puissent se détacher plus facilement de leurs tiges; on lie ensuite les tiges par bottes, et on les met rouir dans une eau claire de rivière ou d'étang pendant six ou sept jours, plus ou moins, selon la température de l'air; après le rouissage on fait sécher les bottes et on les dépose dans un endroit sec pour les tailler à sa commodité, après quoi on a recours, pour la préparation de la filasse, au *pilon* et au *seran*. A Angers on a fait différens essais sur la filasse d'ortie, on en a fabriqué de la toile, et cette toile s'est trouvée fort bonne, on l'a blanchi avec facilité, on l'a même employé pour en faire de la toile peinte; on tire encore de la filasse de l'ortie un coton extrêmement fin, il suffit de la bien broyer et triturer, pour que les petites fibres puissent se diviser en parties très-déliées; on mettra à part ce qui sera de plus cotoneux. On emploie sur-tout l'ortie avec succès pour les papeteries. L'utilité qu'on peut tirer d'une pareille plante, doit donc nous engager à la cultiver. Vers la fin du mois d'août on fait la récolte de sa graine en coupant la tige et en la laissant sécher; la graine tombe pour lors d'elle-même; on la prendroit pour de la graine de navets, on ne la sépare pas de son enveloppe ou cosse, qui tombe avec elle; cette graine se sème pendant le courant de septembre.

On peut aussi la multiplier par les racines; pendant les mois de septembre, d'octobre on arrache les racines d'orties, on les sépare et on les replante, ayant soin auparavant d'en couper les extrémités, on laissera seulement un travers de doigt de la tige, on les plante en ligne droite à une profondeur égale à celle ou elles se trouvoient, et assez près l'une de l'autre; on les affermit avec un peu de terre pour faire tenir les racines debout; soit qu'on sème les orties, soit qu'on les plante, l'avantage en est toujours le même, avec la seule différence que celles qui proviennent de graines, ne peuvent être récoltées au premier été de leur ensemencement, tandis que celles qui proviennent des racines plantées, peuvent l'être au premier été de la plantation; il est a observer que la graine et les racines des orties, autres que celles de la grande espèce brûlante, ne vallent rien, elles périssent à la seconde ou troisième année, tandis que l'ortie grièche a ses racines vivaces, qui repoussent toujours leurs tiges, sans être obligé de les replanter, pourvu qu'elles l'ayent bien été une première fois.

Les orties viennent très-bien dans tous les terrains incultes, mêmes sur les montagnes, parmi les pierres et dans les endroits exposés au soleil; mais comme il seroit très-dispendieux de labourer les terrains montueux et pierreux, il suffira de conduire, dans les endroits destinés à la plantation de ces orties, un peu de terre végétale, et de les en couvrir à-peu-près de l'épaisseur de deux pouces, il seroit inutile de défoncer la terre en dessous; on sémera sur cette terre végétale, ou on plantera les orties; par tout ou les orties croissent naturellement et ou elles laissent tomber leurs feuilles sans les récolter, elles suffisent elles-mêmes pour repousser annuellement de nouvelles tiges, sans avoir besoin d'aucun engrais; mais si on fait trois coupes par an, il est essentiel de les fumer de temps en temps.

Pour les fumer, il ne faut pas employer les engrais destinés aux terres labourables propres à d'autres cultures, surtout si les engrais ne sont pas abondans, cela deviendroit pour lors pernicieux; on a découvert les moyens d'y suppléer, on a observé que les petites branches et les feuilles d'aunes répandues sur les terres à orties, à la hauteur de quatre à cinq pouces, produisent le même effet; à défaut d'aunes tout autre feuillage et branchage des forêts, même celui provenant du genest et du sapin, de même que la vieille paille, produit le même effet que les feuilles d'aunes, et sans autre engrais, les orties y croissent parfaitement bien; on les couvrira de tous ces feuillages chaque deux ou trois ans, et l'année de leurs semailles ou plantations; les orties provenantes des graines ne peuvent être coupées que la seconde année, mais celles qui proviennent de replants peuvent être coupées jusqu'à trois fois dès la première année, à la mi-juin, à la mi-juillet et à la mi-août, et ainsi de suite d'années à autres. On peut aussi couper dans le même temps les orties qui croissent naturellement et dont jusqu'à présent on a négligé la récolte.

Les orties ainsi coupées et récoltées dans les temps convenables, forment une très-bonne nourriture pour le bétail; il en est très-avide, soit qu'on la lui donne mêlée avec de la paille, et en place du foin, soit infusée pendant la nuit dans de l'eau chaude, cette infusion prend une couleur brune et acquiert un goût fort agréable, qui plaît au bétail, ainsi et de même que les orties infusées.

Il est de fait que les vaches auxquelles on en donne à manger rendent beaucoup plus de lait que d'ordinaire, que leur lait fournit aussi plus de crême, que le beurre qu'on en fait a un goût fort agréable et est aussi jaune en hyver que si c'étoit en plein été; d'ailleurs les bestiaux qui se nourrissent d'orties se portent très-bien, engraissent, sont bien en chair, et ne sont incommodées d'aucune maladie; on est même convaincu par l'expérience que les bestiaux ainsi nourris n'ont jamais été atteints de maladies épizootiques et contagieuses.

Mais, dira-t-on, en général le bétail n'aime pas les orties, nous en convenons, lorsque les orties n'ont pas été récoltées, et quand on les laisse sécher naturellement, surtout jusqu'en septembre, elles deviennent pour lors rudes, et se trouvent souvent couvertes de vers, d'araignées et d'autres insectes, une pareille nourriture doit totalement déplaire aux bestiaux, et lui devenir même nuisible; il en seroit de même de toute autre plante qui se trouveroit dans le même cas.

Voici acturellement les avantages qu'un bon agriculteur peut retirer de la récolte des orties: 1°. On peut se servir, pour cette culture, de tous les terrains montueux, pierreux et incultes, qui ne sont propres à aucune production, on en fera d'excellentes prairies artificielles. 2°. Chaque arpent semé ou planté en orties, donne, année commune, dix-huit voitures de fourrages. 3°. L'ortie résiste aux froids, aux intempéries de l'air, et n'a besoin, dès qu'elle est une fois semée ou plantée, d'aucune autre culture. 4°. L'engrais qu'on emploie pour cette plante ne diminue en rien les engrais destinés aux autres productions, puisque de simples feuillages suffisent; on doit donc donner la préférence aux prairies artificielles d'orties. 5°. Elles réussissent également bien toutes les années, pourvu cependant qu'on ait l'attention de ne les pas laisser fouler par des animaux, qui les détruiroient sans contredit. 6°. Un dernier avantage c'est que l'usage de cette plante, introduite pour nourriture aux bestiaux, éloigne les épizooties, ce qui est très-avantageux à la République; on ne peut donc, à tous égards, assez recommander aux agriculteurs la culture d'une plante aussi utile, qui peut même suppléer à tout autre fourrage dans les années de disette; mais elle n'est pas seulement utile pour les bestiaux et dans les arts, elle fournit même à l'homme d'excellens remèdes.

Les racines et les grappes des fleurs d'orties sont apéritives, on s'en sert, avec le plus grand succès, dans les tisannes et apozêmes qui conviennent dans la gravelle et les rétentions d'urine; on l'emploie aussi pour le même usage en conserve.

Le suc d'ortie est un remède très-usité de nos jours pour le crachement du sang et les hémorrhagies, depuis la dose de deux onces jusqu'à quatre, ou seul ou un peu tiede, ou mêlé avec parties égales de bouillon. Ce même suc pris par les narines arrête le saignement du nez. L'infusion théiforme des feuilles d'orties est très-bonne pour purifier le sang, contre la goutte et les rhumatismes. On l'emploie aussi en gargarisme contre les maux de gorge.

Les racines d'orties confites au sucre font expectorer et conviennent dans la vieille toux, l'asthme, la pleurésie; on appliquera en même temps les feuilles en cataplasme sur le côté; on en fait boire aussi le suc dans les mêmes maladies; la tisanne d'orties est souvent recommandée dans les fièvres malignes, la rougeole et la petite-vérole.

Plusieurs médecins se sont servis efficacement des orties pour ranimer les parties desséchées et paralysées, on en prend un paquet avec lequel on frappe les parties; quelques auteurs donnent l'ortie pour antidote de la cigue et de la jusquiame.

Le cataplasme d'orties est émollient et résolutif, il convient très-bien aux goutteux; il les soulage, il dissipe aussi quelquefois les loupes et les tumeurs froides; un gros de semences d'orties mises en poudre subtile et prises dans un bon verre de vin chaud, est un excellent remède pour chasser les vents de l'estomach, si on en croit Clusius.

Dufresnoy, médecin de Valenciennes, a découvert, depuis peu, un remède spécifique dans l'ortie prise intérieurement, et appliquée extérieurement pour guérir la gangrene; elle ne le cède pas au quinquina, et en effet quand on veut conserver de la viande dans son état de fraîcheur, il ne s'agit, ainsi que nous l'avons déjà observé, que de la mettre dans des feuilles d'orties, on la garantit pour lors de la corruption, et c'est sans doute cette observation qui a fait découvrir à Dufresnoy la qualité anti-septique de l'ortie.

Les deux observations que rapporte le médecin Dufresnoy, ne laissent aucun doute sur les vertus de l'ortie nouvellement découvertes, nous allons en faire simplement mention, et c'est par ou nous finissons cette Dissertation.

Première Observation. Le citoyen Claude Parrachon, âgé de 24 ans, de la seconde brigade de l'Allier, 4e compagnie du 3e bataillon, est entré, dit Dufresnoy, à l'hôpital militaire de S.-Omer, le 20 prairial de l'an 2 de la République, attaqué d'une fièvre putride, dont il fut guérit le 5 messidor; le second jour de sa convalescence il se plaignit d'une douleur dans la bouche, vers la commissure des lèvres du côté droit; persuadé que cette douleur étoit occasionnée par une métastase qui s'étoit jetté sur cette partie, comme elle se porte quelquefois sur les parotides, plusieurs jours après la terminaison des fièvres putrides; je me bornai à prescrire un cataplasme de mie de pain avec un gargarisme adoucissant; les 6, 7 et 8 j'observai à la commissure des lèvres un large gonflement; le

9, à quatre heures du soir, je trouvai sur la lèvre, vers la commissure droite, une tache noire de la grandeur d'une lentille.

Convaincu par l'expérience de l'insuffisance du quinquina, pour combattre la *gangrene humide*, je crus devoir, pour arrêter les suites, que je craignois du point gangréneux, qui s'étoit manifesté sur la lèvre de Parachon, ordonner un cataplasme composé de six poignées de feuilles d'orties grièches, quatre onces de sel marin avec autant d'eau-de-vie, l'apothicaire oublia de préparer le cataplasme; le 10 la gangrene, qui avoit fait des progrès, étoit plus large qu'une pièce de quinze sols, j'essayai pour lors le cataplasme d'ortie, je le fis changer toutes les quatre heures, et je le fis arroser toutes les deux heures avec le suc d'orties pilées, avec le sel et l'eau-de-vie; dans la persuasion ou j'étois, que l'ortie prise intérieurement ne pouvoit qu'accélérer la guérison du malade, je proposai de le faire gargariser avec le suc d'orties miellés, de lui en faire avaler une once toutes les deux heures, le succès a répondu complettement à mon attente; à quatre heures du soir la gangrene s'est trouvée cernée, légèrement humectée sur les bords; le 11, la scarie commençoit à se détacher; le 12, elle étoit détachée de plus des trois-quarts; le 13, elle s'est trouvée sur le cataplasme, et la cicatrice de l'ulcère parut satisfaisante.

II. Le citoyen Cellier, garde-magasin des vivres de Valenciennes, âgé de 83 ans, goutteux depuis quarante-quatre ans, s'étoit fait rogner les ongles et les durillons des pieds par un homme mal-adroit, qui lui avoit blessé plusieurs doigts du pied gauche; on apperçut aux doigts de ces pieds des marques de gangrene; en conséquence, le médecin Dufresnoy fit appliquer dessus un cataplasme d'orties qu'il fit arroser toutes les quatre heures avec le suc d'orties pilées, le sel marin et l'eau-de-vie, et qu'il fit renouveller tous les soirs. Au bout de quatre jours la gangrene commençoit à se cerner dans plusieurs endroits; le huitième jour elle étoit entièrement cernée et le pied étoit totalement désenflé.

Après de pareilles cures, peut-on douter de l'efficacité de l'ortie dans la gangrene; nous avons rapportés ses autres vertus médicinales pour les maladies de l'homme, nous avons prouvé son efficacité contre les maladies épizootiques, nous avons fait voir son utilité pour la nourriture des animaux, notamment du gros bétail; les avantages qu'on en peut tirer pour l'usage de la volaille; la facilité de sa culture, et combien l'économie rurale gagneroit à en faire des prairies artificielles; nous avons même indiqué l'emploi qu'on en peut faire pour la teineure, pour la filature, etc. On l'emploie même, aulieu de choux, dans les potages; jeune, on la mange comme des épinars. Cependant nous négligeons les orties, nous les méprisons, tandis qu'elles peuvent être d'une si grande ressource pour nous, nos bestiaux et les arts, ne négligeons rien dans la nature, l'Être-suprême ne s'est jamais fait connoître, même avec plus de mugnificence que dans les plus petites choses, nous ne devons donc rien rejetter, tout est utile dans l'univers.

DISSERTATION
EN FORME DE SUPPLÉMENT
SUR LE CACHOU.

BAUMÉ, ancien chymiste, auquel nos modernes reprochent de n'être pas au courant des nouvelles découvertes sur la science qu'il professe, se trouve encore dans le même cas pour la pharmacie et la matière médicale au sujet du cachou; s'il avoit lû la dissertation que nous avons publiés sur cette substance, en 1787, insérée dans notre histoire générale et économique des Trois Règnes, part. 4, concernant le règne végétal, tom. I, il se seroit bien donné de garde d'avancer affirmativement dans la dernière édition de ses Elémens de pharmacie, que le cachou est l'extrait du suc des semences d'un fruit gros comme un œuf de poule, que l'on nomme *areca;* que l'on coupe les semences de ce fruit par tranches, lorsqu'elles sont vertes, qu'on les fait macérer long-temps dans une suffisante quantité d'eau, à une chaleur toujours égale, et quand la macération se trouve finie, on passe la liqueur, et on fait évaporer toute l'humidité; il reste un extrait qui durcit quelques temps après qu'il est refroidi; on le casse par morceaux et on nous l'envoie. 1°. L'areca est une espèce de palmier, tandis que l'arbre dont on tire le cachou est un mimosa; ce dernier croît à plus de 300 lieues, au septentrion, de l'areca. 2°. On n'emploie pas, pour faire le cachou, le fruit d'aucun arbre, mais seulement le bois qu'on divise en petits morceaux, dont on remplit un vase de terre non vernissé, qui a son embouchure étroite; on verse de l'eau par-dessus, et après avoir réduit cette eau à moitié par l'ébulition, on la met dans un autre vase plat, sans l'avoir même passée; cette eau s'y épaissit jusqu'à la réduction d'un tiers par l'évaporation, après quoi on la laisse pendant trois jours dans un lieu frais, pour ensuite l'exposer à la chaleur du soleil et la remuer plusieurs fois le jour, (voyez notre *Dissertation sur le cachou.*) elle acquiert pour lors de la consistance, et forme une masse, que les naturalistes du pays étendent sur un panier garni de cendres de bouse de vache, enfin avec une espèce de bois ou de filet, ils divisent la masse en morceaux quadrangulaires, et la laissent encore sécher au soleil. Telle est la façon de faire le cachou; le mimosa ou l'acacia, d'ou on la tire croît dans les Indes Orientales, sur les monts Rotas et Pallamoun, et dans d'autres lieux voisins du Bengale; nous l'avons fait graver depuis fort long-temps dans notre grand Jardin de l'univers, pl. 82, tom. I.

Nous ne relevons ici l'erreur de Baumé que pour nous mettre en garde, à l'avenir, contre les ouvrages de certains savans, qui croyent avoir connoissance de tout, sans se donner la peine de faire auparavant des recherches, et qui induisent souvent, dans un livre élémentaire, des élèves dans une ignorance, dont il faudra, à la suite, bien des années pour les en tirer; quand on écrit sur une matière, on doit consulter tous les auteurs qui ont travaillé sur ce sujet; Baumé auroit dû consulter la quatorzième édition du *sist. vegetabilium* de Linné, donné par Murray, l'observation médicinale de Kerr, et notre Dissertation sur ce sujet, nous ne pouvons pardonner à un savant comme Baumé, de perpétuer de siècle en siècle des erreurs aussi notoires, nous aurons encore occasion de le suivre dans ses ouvrages pour en relever d'autres fautes.

Suivant Baumé, on doit choisir le cachou en morceaux, bruns couleur de maron un peu foncé, d'une légère amertume, mêlée d'un peu d'astriction, se fondant entièrement dans la bouche, et laissant un instant après une saveur agréable, tirant sur le sucre. Celui qui est plus coloré, est soupçonné d'avoir été un peu brûlé pendant sa fabrication. Nous avons rapporté dans notre Dissertation la manière de faire l'extrait de cachou. Baumé remarque, au sujet de cet extrait, que les matières étrangères qui restent sur le linge, autrement blanches, après que la décoction du cachou est passée, se trouvent en petite quantité, et sont de la fécule ou de la terre; la liqueur filtrée est claire, limpide et d'une couleur rouge, tirant sur le brun, tant qu'elle est chaude, mais lorsqu'elle tient beaucoup de cachou en dissolution, et qu'elle vient à se refroidir, elle se trouble et se réduit toute en un *magma*, de couleur de rouille de fer, à peu près semblable à ceux des mares d'eaux minérales ferrugineuses, ce *magma* se dissout complettement en réchauffant la liqueur. Baumé attribue ce phénomène à la substance résineuse du cachou, qui est prodigieusement divisée, et qui se sépare en quelque manière d'avec la partie gommeuse par le réfroidissement de sa liqueur, mais que la chaleur combine parfaitement avec la subsance gommeuse, pendant l'évaporation. Cet extrait est un peu plus noir que le cachou, sa saveur est un peu plus amère, il n'attire point l'humidité de l'air, comme la plupart des autres extraits, parce qu'il est trop salin.

Dissertation 283e qu'on trouve chez Buc'hoz, qui en est l'auteur, place de la démolition des ci-devant Jacobins, rue Jacques, No. 499. A Paris.

Dissertation

Sur l'achillée, ses différentes espèces,

principalement sur celle qu'on nomme [illegible]

ou vulgairement millefeuille,

sur leurs propriétés médicinales

économiques, etc.

Ces genres se nomment en françois millefeuille, en latin millefolium, en anglois yarrow, millefoil [illegible], en allemand garben, en italien millefoglio. [illegible] de ces plantes [illegible] des fleurs [illegible] fleurs hermaphrodites [illegible] fleurs femelles [illegible] 2 stigmates [illegible] [illegible] hermaphrodites [illegible] [illegible] femelles [illegible] [illegible] [illegible] [illegible], qui recouvrent les fleurons [illegible] [illegible] capuchon, avant qu'ils s'ouvrent, les semences [illegible] nues.

Linné a rangé ces genres dans la classe 19e [illegible] aux plantes syngénésiques, [illegible], qui renferme les plantes [illegible] examiner [illegible] polygamie superflue [illegible] [illegible]. Il y a 21 espèces de ce genre, qui sont [illegible] [illegible] d'achillée [illegible] achille [illegible] pour guérir les blessures de Télèphe.

[illegible] achillée santoline. achillea santolina. achillea foliis [illegible] setaceis dentatis: denticulis [illegible] subulatis reflexis. [illegible] Linn. Sp. plant. 1264. [illegible] XIV. p. 333. [illegible] 412 [illegible] achillea lutea tomentosa, santolinae folio. [illegible] 1720. p. 417. ptarmica orientalis, santolinae folio, flore majore. Tourn. Coroll. 37. ageratum [illegible] t. 1. p. 125

[illegible] achillée ageratum. achillea ageratum. achillea foliis lanceolatis obtusis, acute serratis. [illegible] p. 50. [illegible] 413. [illegible] 264. [illegible] 377. [illegible] 452. Linn. Sp. plant. 1264. ageratum foliis serratis. Bauh. pin. 221. Balsamita minor Dod. pempt. 295. Morison hist. 3. p. 36. p. 6. achillea lutea ageratum folio longiore. Vaill. act. 1720. pag. 417. ptarmica lutea [illegible]. Tourn. inst. rei herb. 497. ageratum [illegible]. Bocc. [illegible] 3. p. 142. [illegible] [illegible] 141. [illegible] 480. ageratum [illegible] ptarmica [illegible] lutea [illegible] longioribus [illegible] ageratum

Tour. ageratum quod ageraton vulgare Cognatus proximus, corymbis et luteis [illegible]. Breithage ageratum Tragus. [illegible] Lob. ic. 489. en anglais, maudline. les feuilles [illegible] de cette plante sont [illegible] de plus de pouces, obtuses [illegible] des dents aiguës. Elle est [illegible] folia [illegible] quand [illegible] ses feuilles et ses fleurs sont beaucoup plus grandes [illegible] que d'ordinaire, c'est cette variété qui se nomme [illegible] [illegible]. l'achillée ageratum [illegible] [illegible] naturellement en Toscane, auprès de [illegible] [illegible] on ne trouve aussi dans nos provinces meridionales [illegible] de la mer, dans le languedoc, dans un [illegible] qu'on appelle les [illegible], dans la provence [illegible] [illegible], il s'en trouve aussi beaucoup dans les prairies du valais, [illegible] dans l'espagne.

[illegible] ses feuilles, elle [illegible] d'avoir été employée [illegible] ses fleurs [illegible] pour [illegible]; on s'en sert [illegible] [illegible] et [illegible] pour [illegible], l'infusion de [illegible] et l'infusion [illegible] les [illegible]; l'infusion [illegible] [illegible] pour la [illegible] [illegible] pour les obstructions; l'achillée [illegible], dans [illegible] [illegible] pour faire mourir les vers, [illegible] [illegible], [illegible] [illegible] les [illegible] et [illegible] le nombril des enfans [illegible] avec les [illegible] [illegible] quelque temps [illegible]. Cette plante [illegible] [illegible] qu'on [illegible] [illegible] donne le [illegible] [illegible] de [illegible] [illegible] que [illegible] [illegible] de [illegible]; [illegible] [illegible] aussi la [illegible] de [illegible]; cette plante [illegible] [illegible] [illegible] dans nos [illegible] [illegible] de [illegible] de ses fleurs.

La 3e espèce est l'achillée [illegible] feuilles [illegible] feuilles, achillea [illegible], achillea foliis linearibus dentatis [illegible] [illegible]. XIV. [illegible] 777. [illegible], [illegible] [illegible]. [illegible] 126. [illegible] 1266. [illegible] 412. [illegible] 126. [illegible] achillea [illegible] [illegible] foliis [illegible] foliis [illegible], achillea [illegible] [illegible] 1720. [illegible] 417. [illegible] [illegible]. [illegible] foliis [illegible] [illegible], flore [illegible]. [illegible] foliis [illegible] [illegible]. [illegible] 1. p. 112. [illegible] foliis [illegible] [illegible]. [illegible] n.o 1661 [illegible] 430. [illegible] la plante [illegible] pl. 430. Ses fleurs sont d'un jaune [illegible], ses feuilles [illegible] [illegible] [illegible] [illegible], [illegible] [illegible] [illegible] [illegible] [illegible], cette plante [illegible] [illegible] [illegible] [illegible] espagne.

La 4e espèce est l'achillée [illegible]. achillea [illegible] achillea foliis [illegible] hirsutis: pinnis linearibus [illegible], [illegible]. [illegible] 1264. achillea foliis linearibus [illegible] XIX. 777. [illegible] pinnatifidis [illegible], foliolis tripartitis [illegible] [illegible] [illegible] productioribus. [illegible] 413. [illegible] 265. [illegible] 175. millefolium [illegible] luteum. [illegible] 140. [illegible] 3. 4. 138. [illegible] 3. p. 37. [illegible] 6. [illegible] millefolium, flavo flore. [illegible] 1. p. 330. millefolium minus, sive [illegible] [illegible]. [illegible] 101. achillea [illegible] luteum majus [illegible] laciniatum. [illegible] 1720. p. 418. millefolium luteum majus [illegible]

[illegible]

[illegible] XIV. p. 447. [illegible] 1264. [illegible] 37. [illegible] 1822 [illegible]

[illegible] XIV. [illegible] 136. [illegible] 185. [illegible] Tall eastern yarrow, [illegible]

[illegible] XIV. p. 444. [illegible] 403 [illegible] 136, [illegible]

[illegible] XIV. p. 447. [illegible] 413 [illegible] 126. 54 [illegible] 37. pt. 1. p. 228. [illegible] 123. [illegible] 25. [illegible]

[illegible]

[illegible] de 3 ou 4 lignes, [illegible] longues [illegible]

[illegible] Colonnes [illegible]

[illegible] pinnatis, pinnis [illegible]

[illegible] XIX p. 777. [illegible]

[illegible] pinnatis, pinnis [illegible]

[illegible] tab. 213. [illegible]

[illegible] Bauh. pin. 96. [illegible] 83. [illegible] 2. p. 150.

[illegible] tab. 1119. [illegible]

[illegible]

[illegible] plus grandes [illegible]

[illegible] de 3 pieds [illegible]

[illegible] pl. 67., dans le [illegible]

la plante [illegible] pl. 776 [illegible]

[illegible] les grandes

[illegible] Chevaux [illegible]

[illegible]

[illegible] p. 237 [illegible]

[illegible] p. 176 [illegible]

[illegible]

[illegible] 3. 140 [illegible]

[illegible]

[illegible] 2. pl. 8 [illegible]

[illegible]

[illegible] p. 135 [illegible]

[illegible] p. 43 [illegible]

[illegible] 3. p. 40 [illegible]

[illegible] 1745 [illegible]

[illegible]

[illegible] pl. 10. fig. 3 [illegible]

[illegible] 1. pl. 26 [illegible]

[illegible]

[illegible] p. 62 [illegible] 1266 [illegible]

[illegible]

[illegible] 372 [illegible] 1760

[illegible] 263 [illegible] 265 [illegible] 2. p. 136.

[illegible]

[illegible] Bonnes pour la [illegible]

les Chevaux, les [illegible], les [illegible] [illegible]

[illegible]

[illegible] pour la prairie, [illegible] pour les animaux.

[illegible]

[illegible] fleurs blanches [illegible] [illegible] des autres plantes [illegible] les [illegible], [illegible]

[illegible] par les [illegible] [illegible]

[illegible]

La 14e espèce [illegible] l'achillée [illegible]. achillaea [illegible] achillaea foliis [illegible] [illegible] [illegible] [illegible] [illegible] [illegible] Dr. XIV. [illegible] 413. [illegible] 126. [illegible] foliis [illegible] [illegible] 437 [illegible] [illegible] foliis [illegible] [illegible] 6.3.4. [illegible] l. p. 111. achillaea [illegible], foliis pinnatis, pinnulis [illegible] [illegible] [illegible] 1320 p. 416. [illegible] [illegible] [illegible].

La [illegible] [illegible] [illegible] 3 [illegible] [illegible] [illegible] les plantes [illegible]. C'elle qu'on nomme achillaea [illegible], foliis pinnatis [illegible] [illegible] pinnulis [illegible] [illegible] 1320. p. 416. [illegible] [illegible] [illegible] [illegible] foliis [illegible] [illegible] [illegible] [illegible] [illegible] [illegible] [illegible] [illegible] [illegible] [illegible] [illegible] [illegible]

[illegible] [illegible] [illegible] [illegible] [illegible] [illegible] [illegible] [illegible]

La 15e espèce [illegible] l'achillée [illegible]. achillaea [illegible] achillaea foliis pinnatis [illegible] [illegible] pinnulis [illegible] [illegible] Dr. XIV. 377. [illegible] l. achillaea foliis pinnatis [illegible] [illegible] 6. p. 114. [illegible] 459. [illegible] [illegible] [illegible] [illegible] pin. 134. [illegible] [illegible] 336. [illegible] [illegible] [illegible]

Les feuilles de cette plante, qui [illegible] pl. 77. [illegible]

La 16e espèce [illegible] l'achillée [illegible]. achillaea [illegible] achillaea foliis pinnatis, pinnulis [illegible] [illegible] [illegible] [illegible] Dr. XIV p. 446. [illegible] [illegible] [illegible] [illegible] p. 33. [illegible] [illegible] [illegible] [illegible] [illegible] [illegible] [illegible] [illegible] [illegible] [illegible] de 3 à 4

[illegible]

[illegible], glabris, [illegible]

[illegible]

[illegible]

[illegible]

[illegible]

[illegible] pl. 33.

[illegible]

[illegible]

[illegible] XIV p. [illegible]

[illegible] plant. 1267. [illegible]

hall. [illegible] 6. p. 116. [illegible]

foliis pinnatis [illegible] umbellatis. [illegible]

713. [illegible] 3. 5. 4. [illegible]

[illegible] Bauh. [illegible] 3. p. 38. [illegible] 3. [illegible] 39

[illegible] 6. [illegible] 342 [illegible]

[illegible]

[illegible]

[illegible] D. XIV. p. 278. [illegible] plant. 1267. [illegible]

[illegible] Bauh. pin. 134.

[illegible] 182. [illegible]

[illegible]

[illegible] D. XIV. p. 278.

[illegible] 413. [illegible] 770. [illegible] 337. [illegible]

[illegible] 101. [illegible] 263. [illegible] plant. 1267.

[illegible] foliis pinnatis [illegible] 34. [illegible]

foliis [illegible] Bauh. pin. 148. [illegible]

[illegible] p. 424. [illegible]

[illegible] Bauh.

[illegible] 3. p. 136

[illegible] 136. [illegible] 462. [illegible]

[illegible] Schaafgarbe [illegible]

[illegible] humble [illegible]

[illegible]

[illegible] l'inconvénient d'avoir, le [illegible]

[illegible]

Il [illegible]

[illegible]

[illegible] l'artillerie [illegible]

[illegible]

Linn. Sp. plant. 1268. [illegible] p. 338.

[illegible] Bauh. pin. 132 [illegible]

[illegible]

Le 21.e [illegible]

[illegible] Linn. Sp. plan. 1268. [illegible]

[illegible] 263 [illegible]

[illegible] 172 [illegible]

[illegible]

Le 22.e [illegible] Linn. Sp. pl. 1268. [illegible] Bauh. pin. 140. [illegible] 72 [illegible] p. 139. [illegible]

[illegible]

[illegible] l'ordinaire dans des terrains gras et humides, surtout si les [illegible] sont plusieurs. D'ailleurs il n'arrive [illegible] que dans les sortes de terrains, les plantes y viennent [illegible] belles [illegible] pas toutes les espèces, qui produisent beaucoup de drageons, se multiplient [illegible] par cette voie, en détachant au printemps ou en automne [illegible] les drageons [illegible] ou sans racines, et on les plante dans une terre [illegible] on peut les multiplier de boutures [illegible] pendant l'été [illegible] jusqu'à ce qu'elles aient pris racine, [illegible] bien de les mettre [illegible] plus vite [illegible] et les transplanter [illegible]

[illegible]

Bien que les [illegible] soient [illegible] en général [illegible] les différentes espèces d'Achillées soient douées d'une [illegible] propriétés [illegible], elles peuvent [illegible] observer que [illegible]

[illegible] qui est la plus [illegible] en médecine [illegible] cultivées dans nos jardins pour les usages médicinaux, [illegible] l'Achillée [illegible]

[illegible]

Dissertation

Sur la patate d'abyssinie

decouverte dans cette region par M. Bruce,

dont la graine peut servir et remplacer

le Caffé pour faire la [illegible]

Nous sommes les premiers qui avons fait connoitre la patate d'abyssinie; dès l'année 1775 nous avons publié cette plante dans notre dictionnaire universel des plantes [illegible] t. 5 pl. 2 et nous l'avons fait representer dans nos Demonstrations elementaires de botanique dans le regne vegetal pl. 92 T. 1. nos Botanistes modernes [illegible] la [illegible] [illegible] [illegible] bien [illegible] [illegible] cette [illegible] dans la 14.e edition, que celle qui jusqu'ici a publié [illegible] longtemps après, cependant nous [illegible] [illegible] [illegible] [illegible] [illegible] demande, assuré que les figures que nous en avons donné, mettent [illegible] [illegible] [illegible] [illegible] que par les descriptions qui y sont jointes [illegible] [illegible] que par [illegible] M. [illegible] jusqu'ici [illegible] cette plante [illegible] dans le Syst. veget. edit. XIV. pour abyssinica

pour paniculée patate, spicata oblongis, [illegible] quinqueflores, [illegible] [illegible], [illegible] [illegible] pag. 114. jacq. [illegible] miscell. vol. 2 p. 354. jacq. [illegible] T. 43

les abyssins la nomment [illegible], elle [illegible] les [illegible] des [illegible], elle acquiert ordinairement 2 pieds au plus de hauteur lorsqu'elle croît dans son terrain naturel; cette plante cultivée dans les jardins, [illegible] [illegible] ordinairement à la hauteur de plus de 3 pieds environ; les fleurs viennent au haut des tiges par panicules, les panicules sont [illegible] [illegible] de la [illegible] d'une [illegible], les tiges sont [illegible] comme celles des [illegible], les feuilles [illegible] [illegible] [illegible] à l'[illegible] de leur [illegible], les tiges sont [illegible] [illegible], [illegible] [illegible] [illegible], ne [illegible] que deux [illegible] [illegible] [illegible] les tiges ou chalumeaux [illegible] [illegible] [illegible] plus de [illegible] pouces de diamètre par leur [illegible]; les racines sont [illegible] longues; le calice de la fleur est composé de deux [illegible] ou balles; la corolle [illegible] [illegible] est composée de deux balles, dont l'une est [illegible] et l'autre plus petite [illegible] [illegible] [illegible] [illegible], [illegible] [illegible]; deux [illegible] [illegible] sont [illegible] [illegible] l'embryon, l'une est attachée à la plus petite des deux balles, [illegible] [illegible] attachée du côté de la plus grande; l'[illegible] [illegible] l'embryon [illegible] deux styles, [illegible] [illegible] [illegible] [illegible], il se change [illegible] [illegible] graine [illegible] petite [illegible] [illegible] [illegible] [illegible] les panicules [illegible] formées par plusieurs [illegible] panicules, [illegible], [illegible] chacune est composée de 7 fleurs et chaque fleur [illegible] une graine; la [illegible] [illegible] dans la planche [illegible] [illegible] la [illegible] [illegible], [illegible] [illegible] [illegible] la longueur. cette plante [illegible]

par [illegible]

que d'après peu est grainé, les graines qu'elles donnent, se confondent avec
espèces de [illegible] propres à faire du pain, le peuple d'Égyptiens s'en
sert pour cet usage; c'est à m.r [illegible] que nous devons [illegible]
de cette plante, elle est représentée dans son voyage [illegible] publié dans
la grande [illegible] que les [illegible], quelque temps après, [illegible]
expédition en France, elle est aussi représentée dans la planche [illegible]
jusqu'à pl. 43 [illegible] dans nos ouvrages, [illegible]
l'avons obtenu [illegible]
Doura dans le voyage s'expliquent ainsi [illegible] de cette plante
[illegible] l'Égyptien, [illegible] que [illegible]
[illegible]
sorte de [illegible] les [illegible] dans les [illegible]
une portion de [illegible] qui se [illegible] dans [illegible]
les Égyptiens ou [illegible]
qualité [illegible], le pain qu'ils en [illegible] aussi [illegible]
pain [illegible] mais le pain [illegible]
le [illegible]
[illegible]
[illegible]
[illegible]
[illegible] plus [illegible]
[illegible]
[illegible]
[illegible]
[illegible]
[illegible] plus la grande [illegible]
le [illegible]
[illegible]
[illegible] de la [illegible]
[illegible]
avec le plus grande [illegible] pour le pain [illegible]
table des Égyptiens [illegible]
[illegible]
[illegible]
le [illegible] jusqu'à [illegible]
[illegible]
les pains [illegible]
[illegible]
[illegible] les Égyptiens [illegible]
dans leur [illegible]
[illegible]
[illegible]
[illegible]
[illegible]
comme nous [illegible]
[illegible]
[illegible]
pour les [illegible], les Égyptiens [illegible]
[illegible] pain [illegible]
[illegible]
[illegible]
quand on veut [illegible] du [illegible]
[illegible] du pain [illegible]
[illegible]
[illegible] le jardin [illegible]
les [illegible] 3 ou 4 jours, [illegible]
[illegible] le [illegible]
dans [illegible] plus [illegible] pain [illegible]
[illegible]
[illegible] mais [illegible]
le plus [illegible]

Dissertation

Sur les violettes ypecacuana

[illegible] spécifique pour la dyssenterie [illegible]

[illegible] substituées [illegible]

[illegible] dyssenterie [illegible]

[illegible]

L'ypecacuana [illegible]

[illegible] 484 [illegible] 113 [illegible]

[illegible]

[illegible] l'Ypecacuana [illegible]

[illegible] l'Amérique, en 1686 [illegible]

[illegible] Louis XIV [illegible]

trois vertus ou propriétés dans cette plante; celles d'être antiseptique, purgative et astringente, antiseptique à raison de ses parties [illegible], purgative à raison de [illegible] [illegible]

[illegible]

[illegible]

Des [illegible] de Virginie

[illegible]

[illegible] *Kupamenij* [illegible]

[illegible] Thomas [illegible]

[illegible] mercurialis [illegible] de 3 [illegible]

[illegible]

[illegible] de 3 [illegible]

depuis 3 jusqu'à 15 [illegible]

[illegible]

[illegible]

[illegible] monoïques [illegible]

[illegible]

[illegible] virginica [illegible]

[illegible] [illegible] foeminis [illegible]

[illegible] ovatis lanceolatis, petiolo longioribus. [illegible] 1423

[illegible] 342 [illegible]

[illegible] 346. n.° 2. [illegible] foliis ovato-

p. 862 [illegible] 475 [illegible]

lanceolatis [illegible] foeminis [illegible]

[illegible] 153. mercurialis [illegible]

[illegible] 686. [illegible] indica [illegible]

[illegible] 204. [illegible]

[illegible] n.° 201. [illegible]

[illegible]

[illegible] vol. [illegible] n.° 108. *Kupamenija* [illegible]

[illegible]

[illegible] virginie [illegible]

[illegible] pl. 36. fig. 2. [illegible] pl. 77. fig. 4. [illegible] (pl. 687) [illegible]

[illegible] virginie [illegible] l'amérique septentrionale et dans [illegible]

[illegible]

[illegible]

elles ne supportent pas cette opération; elles fleurissent au mois de
juillet, et mûrissent leur graine en août.
La 2.de espèce est la ricinelle de virginie. acalypha virginica. acalypha
spicis femineis involucris cordatis, serratis, masculis distinctis [illegible],
foliis lanceolatis - ovatis. Lin. Sp. plan. 1423. Mercurialis [illegible]
Dill. XIV. 862. [illegible]. acalypha humilior
foliis cordatis crenatis, spicis mixtis [illegible]
Brown. jam. 346. Les feuilles de cette plante qui est annuelle
[illegible], sont ovales, [illegible]
en forme de [illegible], [illegible], [illegible] que
plus [illegible] que dans la ricinelle de virginie; [illegible]
des feuilles [illegible], [illegible]
[illegible]; [illegible] fleurs [illegible], [illegible]
[illegible] des [illegible] fleurs [illegible], [illegible]
feuilles [illegible] [illegible]
fleurs sont [illegible], [illegible]
[illegible] plus [illegible] de cette espèce, que dans celle de
virginie.
La ricinelle [illegible] dans l'Herbier de la jamaïque
par Browne pl. 36. fig. 1. [illegible]
la jamaïque, [illegible] cette plante [illegible]
[illegible]; [illegible], qui la [illegible]
[illegible]
[illegible], [illegible]
[illegible] petite [illegible]
[illegible], [illegible] acalypha indica.
La 3.me espèce est la ricinelle des indes, acalypha indica
acalypha [illegible], [illegible], [illegible]
[illegible]. [illegible]. 344 Lin. Sp. plan.
1424. Mercurialis [illegible]. Dill. XIV. 862 [illegible]
[illegible] tricoccos [illegible]. [illegible]
[illegible]. [illegible] 1654. [illegible]. 108. Cupameni. rheede
mal. 10. p. 161. raii suppl. 107. [illegible]
acetabulatas, folio rotundo [illegible]. pet. [illegible]. 19.
n.o 198. ricinocarpos indicus glaber [illegible]
acetabulis [illegible]. Burm. Zeyl. 203. urtica malabarica
tricoccos. raii app. 107. Kuppamanyen. Burm. Zeyl. 2.
on rapporte à cette espèce comme une variété la plante
[illegible] sous le nom de urtica minor spicata [illegible]
[illegible], [illegible], fructu tricocco. Sloan. jam. 38.
hist. 1. p. 124. Lin. Sp. plan. 1424. [illegible]
Cupameni. rheed. mal. 10. p. 165. urtica folio [illegible]
indica, spicis longis [illegible], [illegible] [illegible].
raii append. 107. [illegible]
L'espèce est figurée dans l'hort. [illegible] pl. 6[illegible].
et dans le jardin de malabar, T. 10. pl. 81. La variété
est figurée dans le même jardin de malabar pl. 82 —
dans l'herbier de la jamaïque de Sloane pl. 82. fig. 3.
[illegible]

[illegible]

[illegible] ... acalypha villosa ... [illegible] ... acalypha [illegible] jamaicensis [illegible] ... foliis [illegible] ... spicis elongatis, foliis [illegible] ... [illegible] Suppl. 422 ... acalypha villosa. jacq. [illegible] ... XIX 863 ... [illegible] 274. jacq. [illegible] vol. 3. p. 261. [illegible]

[illegible] ... 14 ou 15 pieds ... [illegible] ... longues de 3 ou 4 pouces ... [illegible]

[illegible] Bois [illegible], [illegible]
[illegible] Bauh. pin. 27. [illegible]
[illegible].

[illegible] [illegible]
[illegible] [illegible]
[illegible] Sp. pl. 1024. [illegible]
Ed. XIV. 863. [illegible] folia, pl. Sp. 20
[illegible] [illegible]
[illegible] pl. [illegible] 234. [illegible].

[illegible] 2 [illegible] 3 [illegible]
[illegible]
[illegible]
[illegible]
[illegible]
[illegible]
pl. 237 [illegible]
[illegible]
[illegible]
[illegible]
[illegible]
[illegible]
[illegible]
[illegible] 150.

[illegible]
[illegible]
[illegible]

Dissertation

Sur une Nouvelle espèce

de Clitore, à la quelle nous avons donné le

nom de Clitore des [illegible], et sur les

différentes propriétés.

Dans la première édition de notre Dictionnaire universel des règnes végétal [illegible] nous avons donné dans la présente [illegible] les planches, les figures d'une Clitore, que nous avons appellée Clitoria [illegible], nom [illegible] dans nos Dict. [illegible] [illegible] Clitori [illegible] dans le règne végétal T. 1. pl. 58 sous le nom de Clitoria ternatea, mais [illegible] de Linnæus pourroit que nous [illegible] pour la [illegible] Clitoria de Ternate [illegible] qu'il [illegible] variété des Clitores, qu'il nomme [illegible], Clitoria [illegible], [illegible] [illegible] [illegible] les feuilles [illegible], [illegible] Clitoria [illegible] de Linnæus [illegible] les feuilles de notre Clitore [illegible] de différentes [illegible], les feuilles [illegible] composées de 7 ou 10 folioles, [illegible] [illegible] [illegible] [illegible] [illegible] Clitore de Ternate [illegible] [illegible] [illegible] [illegible] Clitoria [illegible] Clitoria ternatea, Clitoria foliis pinnatis

Linn. Sp. plant. 1025. Hort. Cliff. 348. Hort. ups. 214. Flor. zeyl. 283. Phaseolus indicus glycyrrhizae foliis, flore magno Caeruleo. Comm. hort. 1. p. 47. Flos Clitoridis ternatensibus Breyn. Cent. [illegible] flos Caeruleus. Rumph. amb. 5. p. 56. Schanga-cuspi. Rheede hort. mal. 8. p. 69. [illegible] [illegible] gocarni, [illegible] [illegible] [illegible] [illegible] [illegible] Smalt-Kruid, [illegible] Bonga Birot [illegible] [illegible] Cotelo, ~~[illegible]~~ Bakima ~~[illegible]~~ Cotele. Le caractère du genre des Clitores [illegible] Calice monophylle, droit, tubulé, à 5 dents [illegible] [illegible] [illegible] [illegible] l'étendard [illegible] grand [illegible] [illegible] [illegible] [illegible] les ailes [illegible] [illegible] [illegible] plus [illegible] que l'étendard, la carène [illegible] droite, [illegible], plus [illegible] que les ailes, [illegible] [illegible], [illegible]. Les filamens des étamines [illegible] diadelphiques ([illegible]) les [illegible] [illegible], le germe [illegible], le style [illegible] le stigmate [illegible], le légume [illegible] long, [illegible], [illegible], [illegible] [illegible], [illegible] en forme [illegible]. Les semences [illegible]

nombreuses, réniformes

nombreuses, [illegible], les tiges [illegible] cylindriques de la hauteur d'un homme, [illegible] les feuilles sont [illegible] ailées, composées de plusieurs paires de folioles [illegible] les fleurs sont grandes, bleues, [illegible].

outre la figure que nous avons donnée de cette plante, [illegible] qui a été [illegible] dans le jardin des [illegible] [illegible] en 1773 [illegible] dans la [illegible], pl. 31. elle est aussi représentée dans [illegible] pl. 24. dans l'[illegible] T. 8. pl. 58 et dans l'Herbarium amboinense T. 5. pl. 31. elle [illegible] naturellement dans les [illegible], [illegible], ou [illegible] Cultivée en Amboine.

elle se multiplie par graines, que l'on sème au printemps sur une couche chaude, quand les jeunes plantes [illegible] sur la [illegible], on les transplante chacune dans un pot [illegible] que l'on enfonce dans une couche remplie de [illegible], jusqu'à ce qu'elles soient [illegible] à chaud [illegible], les jeunes plantes [illegible] dans des pots, [illegible] 3 [illegible] la [illegible], lorsque les pots sont trop pleins de racines, [illegible] les plantes [illegible] plus grands, [illegible] la [illegible] chaude, [illegible] les pots dans la serre.

[illegible] les fleurs de notre Clitoria [illegible] avant le jus de [illegible] [illegible] dans l'Inde pour teindre en bleu [illegible] le pays [illegible] 3 ou 4 couleurs.

Il est d'usage de donner [illegible] les [illegible] de cette plante [illegible] [illegible] Salsepareille [illegible] [illegible]

[illegible] les fleurs [illegible] bleues, [illegible] mais qui ne durent pas longtemps.

[illegible] des fleurs [illegible] [illegible] dans la serre [illegible] [illegible] de toutes les [illegible] des Clitoria [illegible] les graines de plantes.

[illegible] des Clitoria, nous avons donné dans la [illegible] [illegible] la figure [illegible] des Clitoria [illegible] Clitoria ternatea flore albo [illegible] fleurs blanches, les feuilles [illegible] [illegible] [illegible] avoir quelque rapport avec [illegible] mais [illegible] la [illegible], qui [illegible] par la feuille, ainsi que nous l'avons observé.

Dissertation

sur deux espèces d'[illegible]

propres au [illegible] de [illegible] en [illegible]

Le genre des arbres [illegible] plusieurs espèces, nous ne nous attacherons jusqu'ici qu'aux deux espèces les plus utiles.

La 1re espèce [illegible], arbor [illegible], arbor foliis pinnatis, [illegible], stipulis [illegible], [illegible], [illegible] Linn. Sp. plant. 1028. [illegible], foliis [illegible] glabris. Bauh. pin. 351. [illegible] [illegible]

[illegible]

[illegible] 3 [illegible]

[illegible]

[illegible]

[illegible] 4, [illegible]

[illegible]

[illegible]

[illegible] pl. 37 [illegible] pl. 49 [illegible]

[illegible]

[illegible]

[illegible] rhumatismes goutteux, [illegible]

[illegible]

La 2e espèce [illegible] arbor nigra, arbor [illegible] foliis [illegible] Linn. Sp. plant. 1028. arbor [illegible] Bauh. pin. 352.

[illegible]

[illegible]

rhomboïdales, les fleurs [illegible] presque [illegible]
la tige est garnie de 4 feuilles verticillées, droites, [illegible]
[illegible], les stipules [illegible], lancéolées, [illegible]
divisions, les feuilles sont de six paires, [illegible]
[illegible], les [illegible] sont [illegible], les supérieures pointues,
aiguës [illegible], qui s'allongent en une petite épine, [illegible]
[illegible] de fleurs, [illegible]
pendantes [illegible] d'un même côté, les fleurs [illegible]
que celles des [illegible]
Cette espèce [illegible] représentée [illegible] pl. 60 [illegible]
[illegible] sur les [illegible] montagnes de la partie septentrionale de
l'Europe, on ne trouve [illegible] dans les bois.
elles se multiplient [illegible] par racines, [illegible]
le meilleur temps pour [illegible]
[illegible] au printemps, il leur faut une exposition ombragée
[illegible], on les multiplie aussi par graines
que l'on sème [illegible]; car si on [illegible] jusqu'au
printemps, [illegible] pas, quand les jeunes plantes
sont levées, il faut les débarrasser des mauvaises herbes, [illegible]
les éclaircir [illegible] qu'elles [illegible] jusqu'à
l'automne suivante, on les transplante pour lors en demeure.
[illegible] les plantes transplantées fleurissent au printemps,
mais si elles sont [illegible], elles ne fleurissent que la 2de année
[illegible] les plantes pour lors [illegible] 4 [illegible]
[illegible], la 1re année les plantes [illegible]
et la 2de [illegible] les plantes [illegible] en demeure, [illegible]
plus d'autre culture, que de [illegible] chaque
pied pendant l'hiver, et de nettoyer les mauvaises herbes pendant
l'été.
L'odeur [illegible] pour les [illegible]
[illegible], [illegible] plantes les plus
[illegible] des jardins, elles y [illegible]
[illegible] aux mêmes usages que la précédente

[illegible]

[illegible] XIV [illegible]

p. [illegible] 128 [illegible]

[illegible] XIV [illegible] 1747

p. 285. t. 13 [illegible]

[illegible] 1749 [illegible]

[illegible] XIV. p. 721. Duhamel [illegible]

[illegible] 143 [illegible] 458 [illegible] 78 [illegible] 430 [illegible] 640 [illegible]

[illegible] [illegible] [illegible] [illegible] [illegible] major, [illegible]

multis foliis planarum. Breyn. [illegible] p. 168. [illegible]

ahorne, [illegible], grosse [illegible], [illegible]

[illegible]

[illegible]

Stirp. 1.

[illegible]

[illegible] p. 288. [illegible]

[illegible]

[illegible] 1. [illegible]

[illegible]

[illegible] 2. [illegible] 1. p. 62. [illegible]

[illegible] 6. [illegible]

[illegible] 44. [illegible]

[illegible]

1708. [illegible]

[illegible]

[illegible]

[illegible] T. 1. pl. 62. [illegible] Tab. 8. fig. 4. [illegible] virginien [illegible]

[illegible] XIV. p. 911. [illegible]

[illegible] 1496. [illegible]

[illegible] XIV. p. 911. Thunb. flor. jap. 160. [illegible] japonais momidsi. [illegible]

[illegible] glabres [illegible]

[illegible] XIV. 911. Thunb. flor. jap. 161. [illegible] japonais [illegible] momidsi. [illegible]

[illegible] glabres, [illegible] palmatis [illegible] glabris [illegible] XIV. p. 911. Thunberg flor. jap. 160. [illegible] japonais

Kaede [illegible] Kaede [illegible] momidsi; [illegible] momidsi

Kaempf. amoenit. exot. fasciculo V. p. 892 [illegible]

[illegible] glabres, [illegible]

il [illegible] [illegible] [illegible] [illegible]
[illegible] [illegible]
[illegible] 2 [illegible] [illegible] [illegible]
[illegible]
[illegible] [illegible] [illegible]
[illegible]
[illegible]
[illegible]
[illegible] 9. [illegible]
[illegible]
[illegible]
XIV. 912 Thunb. flor. jap. 161. [illegible]
[illegible] 2 [illegible]
[illegible]
[illegible]
[illegible]
le 10. [illegible]
[illegible]
[illegible] XIV. 912 Thunb. flor. jap. 161. [illegible]
[illegible] [illegible]
[illegible] 892. [illegible]
[illegible]
[illegible]
[illegible]
[illegible]
[illegible]
[illegible]
[illegible]
le 11. [illegible]
[illegible]
[illegible]
[illegible] XIV. [illegible] 303.
924. [illegible]
[illegible] 443. [illegible]
[illegible] 435. [illegible]
[illegible]
[illegible] 252 [illegible]
[illegible] 253. [illegible]
[illegible] Spitz [illegible]
[illegible]
[illegible]
[illegible]
[illegible]
[illegible]
[illegible]
[illegible]
[illegible] 252. fig 2 [illegible]
[illegible]
[illegible]
[illegible]
[illegible]
[illegible]
[illegible]
[illegible]
[illegible]
le 12. [illegible]
[illegible]
[illegible]

[illegible] XIV. p. 312 Duhamel

traité des arbres [illegible] T. 1. 12. 13. fig. [illegible]

plan. 1563. [illegible]

[illegible]

[illegible]

[illegible]

[illegible] Duhamel [illegible]

[illegible]

13. [illegible]

le 13e [illegible] 2 n° 325

foliis [illegible] obtusis, [illegible]

[illegible] foliis [illegible] palmatis, [illegible]

[illegible] obtusis, [illegible] 147.

[illegible] 459. [illegible] 78. [illegible] trilobis

lobis obtusis [illegible] 212. [illegible]

[illegible] minus. [illegible] 431. [illegible] minus. [illegible]

[illegible] Bienbaum [illegible] Kleine

ahorn, [illegible]

[illegible] les feuilles des [illegible] plus petites,

[illegible]

[illegible] fleurs [illegible]

[illegible]

[illegible]

[illegible]

[illegible] monspelliensis

le 14e [illegible] foliis trilobis [illegible] glabris [illegible]

[illegible] foliis trilobis [illegible] trifolium. [illegible]

[illegible] 459. [illegible] 574. [illegible]

[illegible] 431. [illegible] 251. [illegible] 3. Duhamel [illegible]

t. p. 28. T. 10. fig. 6. la feuille [illegible]

[illegible] lobes, [illegible]

[illegible] 13e [illegible]

[illegible] pl. 25. fig. 3. [illegible]

[illegible] Duhamel T. 1. pl. 10. fig. 6

[illegible]

[illegible]

[illegible]

[illegible]

le 15e [illegible] Duh. 10. [illegible]

foliis trilobis [illegible]

Sp. plant. 1497. [illegible]

[illegible] 185. [illegible]

[illegible] 1. p. 28. T. 10. [illegible]

[illegible] Duhamel [illegible] des fleurs

[illegible] petits bouquets, [illegible]

[illegible] fleurs [illegible]

ordinairement [illegible]

[illegible]

[illegible] Duhamel

[illegible]

T. 1. p. 28. pl. 10. [illegible]

[illegible]

le 16e [illegible] foliis [illegible]

[illegible] XIV. p. 312 [illegible]

[illegible]

Thunberg - flor. jap. 163. [illegible]

[illegible] 2 [illegible] 3 [illegible]

[illegible]

[illegible] 17 [illegible]

[illegible] 144 gravés. [illegible] 154. [illegible]

[illegible] 1796. [illegible]

[illegible] p. 123. fig. 45 [illegible]

[illegible]

[illegible]

[illegible] pag. 425. [illegible]

[illegible]

[illegible] pag. 509

[illegible] Ces [illegible]

[illegible]

[illegible] mais [illegible]

[illegible] de 2 ou 3 jours, [illegible]

qui les [illegible] les fibres [illegible] les [illegible]
qui [illegible]
[illegible] dans les [illegible] que [illegible]
[illegible]
[illegible] le [illegible]
[illegible]
[illegible] la [illegible]
[illegible]
[illegible] lorsque [illegible], mais je ajoute
que [illegible]
[illegible]
[illegible]
[illegible]
[illegible]
[illegible]
[illegible]
pour [illegible]
[illegible]
[illegible] dans le [illegible]
[illegible]
[illegible]
[illegible]
[illegible]
[illegible] pour [illegible]
[illegible]

[illegible] de ne pas faire les [illegible] que [illegible]
la fin du mois de mai jusqu'au commencement [illegible]
les [illegible] [illegible]
pour que les lignes [illegible]
observé, que les lignes, qui [illegible]
d'huile, qui se [illegible]
[illegible]

[illegible]

[illegible]

Dissertation
en forme de Supplément
Sur celles qui se passent aux Espèces de
Spigelia, vermifuge [illegible] Spécifique contre
les vers.

Nous avons publié dans la 2e partie de notre [illegible] [illegible] un [illegible] de 3 pages [illegible] 2. Dissert. sur la Spigelia [illegible] les vertus [illegible] anthelmintiques de cette plante, nous ne pouvons [illegible] [illegible] [illegible] nos lecteurs [illegible] [illegible] [illegible], les Docteurs [illegible] [illegible] [illegible] dans tous les [illegible] de la Jamaïque, le professeur [illegible] [illegible] [illegible] [illegible] [illegible] M. Dahlberg [illegible] [illegible] [illegible] [illegible]; il [illegible] [illegible] [illegible] [illegible] [illegible] [illegible] [illegible] qui [illegible] [illegible] [illegible] [illegible] [illegible] [illegible] [illegible] de Spigelia [illegible] [illegible] [illegible]; il [illegible] de 16 [illegible] [illegible] [illegible] [illegible] [illegible] [illegible] la dose de 20 grains, 3 fois par jour, cette plante [illegible] [illegible] [illegible] jusqu'à 2 ou 3 gros dans le même temps, [illegible] [illegible] [illegible] 14 jours [illegible] [illegible] 3 ou 4 jours il [illegible] [illegible] [illegible] [illegible] [illegible] [illegible] la Spigelia; il [illegible] [illegible] il [illegible] [illegible] [illegible] [illegible] [illegible] les médicaments [illegible] [illegible] [illegible] [illegible], [illegible] [illegible] [illegible] [illegible] [illegible] [illegible] opinions [illegible] [illegible] [illegible] [illegible] [illegible] [illegible] [illegible] [illegible] [illegible], particulièrement [illegible] [illegible] [illegible] [illegible] [illegible] [illegible] [illegible] [illegible] [illegible] [illegible] [illegible] [illegible] [illegible], [illegible] [illegible] [illegible] la [illegible] [illegible] [illegible] [illegible], [illegible] [illegible] [illegible] la plante, [illegible] [illegible] [illegible] [illegible] [illegible], Brocklesby, [illegible] [illegible] [illegible] [illegible], [illegible] [illegible] [illegible] [illegible] [illegible] [illegible] [illegible] [illegible] que le [illegible] [illegible] [illegible] [illegible] [illegible] [illegible] [illegible] [illegible] [illegible], [illegible] [illegible] [illegible] [illegible] [illegible] [illegible] [illegible] [illegible] [illegible] [illegible] [illegible] que l'[illegible] [illegible] [illegible] [illegible], [illegible] [illegible] [illegible] [illegible] [illegible] [illegible], [illegible] [illegible] anthelmintiques, [illegible] [illegible] [illegible], [illegible] [illegible] [illegible] [illegible] [illegible] [illegible] [illegible] la Spigelia [illegible] [illegible] [illegible] [illegible] [illegible] [illegible] [illegible] [illegible] [illegible] [illegible] [illegible] la plante [illegible] [illegible] [illegible] [illegible] [illegible], [illegible] [illegible] [illegible] [illegible] la Jamaïque, au Brésil [illegible], [illegible] [illegible] [illegible] [illegible] [illegible] [illegible] [illegible] [illegible] [illegible] [illegible] [illegible] [illegible], il [illegible] [illegible] [illegible] [illegible] que la [illegible] [illegible] [illegible] [illegible], [illegible] [illegible] [illegible] [illegible] [illegible] que la [illegible] [illegible] [illegible] [illegible] [illegible] [illegible] [illegible] de Spigelia, voy. [illegible] [illegible] [illegible] [illegible] [illegible] [illegible] Spigelia [illegible] p. 166.
[illegible]

Dissertation

Sur le Cyperus de l'Amérique

à feuilles très longues.

Les Cyperus que nous allons décrire, [illegible] le nom [illegible] de [illegible] et [illegible] les [illegible] Boerhaave des Cyperus [illegible], *Cyperus panicula multiflora terminali, foliis ovalibus, obtusis [illegible], glandulis axillaribus*. [illegible] XIV. [illegible] pag. 488. *Cyperus panicula multiflora, axillis glandulosis, foliis oblongis [illegible]* [illegible] 1558. [illegible] 2 [illegible] p. 37. *Cyperus [illegible] foliis [illegible] longissimis. Plum.* Ce Cyperus [illegible] feuilles sont oblongues, [illegible], [illegible] [illegible], [illegible] [illegible] [illegible] [illegible] long des [illegible] [illegible] [illegible] [illegible] [illegible]; [illegible] [illegible] [illegible] [illegible] [illegible] [illegible] cylindriques, [illegible] [illegible] panicule [illegible] fleurs; les [illegible] de [illegible] panicule [illegible] la panicule [illegible] [illegible] [illegible]; [illegible] [illegible] [illegible] d'une couleur [illegible] [illegible] [illegible] [illegible] Calebasse; les [illegible] longues, [illegible] la fleur [illegible] [illegible] sur la [illegible] [illegible], [illegible] [illegible] [illegible], [illegible] [illegible] style, le [illegible] [illegible] [illegible] [illegible] [illegible] [illegible] [illegible] le dessin [illegible] [illegible] Paris [illegible] [illegible] [illegible] [illegible] [illegible], [illegible] [illegible] [illegible] dans l'histoire [illegible] [illegible] [illegible], [illegible] [illegible] de l'Amérique [illegible] [illegible] [illegible] [illegible] [illegible] [illegible] [illegible] [illegible] l'histoire des plantes de l'Amérique [illegible] [illegible] [illegible] pl. 145.

Dissertation

Sur l'œillet d'Inde

Considéré comme anthelmintique.

L'œillet d'Inde ou rose d'Inde connu en France, par sa culture dans les jardins d'agrément pour son fond d'ornement, [illegible] pas les mêmes propriétés anthelmintiques, que [illegible], sur lesquelles nous publions ce mémoire, il a les feuilles des fleurs radiées, [illegible] communes [illegible], d'une seule pièce allongée, dentelée, plus ou moins profondes; les [illegible] fleurons qui sont au disque, [illegible] ont remarqué dans chacun d'eux [illegible] par des semences cylindriques [illegible] allongés, qui supportent un style [illegible] 2 stigmates [illegible]; [illegible] oblongues, [illegible] plus ou moins nombreuses.

[illegible] dans les jardins [illegible] connues [illegible] le grand [illegible] d'œillet d'Inde, le grand [illegible] la hauteur d'environ 3 pieds, [illegible]; ses tiges [illegible] plusieurs [illegible], les feuilles [illegible], les fleurs [illegible] jaunes, [illegible] quelquefois [illegible]; [illegible] le grand œillet d'Inde, il y a [illegible] fleurs [illegible] toujours, [illegible] la variété [illegible] grandes, elles [illegible] le grand œillet d'Inde, *tagetes mexicana*, [illegible] fleurs [illegible] *[illegible], [illegible] J. Bauh.* [illegible] Mexique [illegible] en France.

[illegible] mexique [illegible] le petit œillet d'Inde [illegible] fleurs [illegible] jaunes, veloutées, [illegible] fleurs [illegible] le grand œillet d'Inde, [illegible] plus agréable que celle du grand œillet d'Inde, [illegible] petit œillet d'Inde, [illegible] l'odeur [illegible], [illegible] la tige du petit œillet d'Inde [illegible] pied; [illegible] *tagetes indicus minor* [illegible] botanistes [illegible] *tagetes* [illegible] *indicus*, [illegible]

J. B.

Quelques auteurs regardent l'œillet d'Inde comme un poison, [illegible] rapporte [illegible] fleur d'œillet d'Inde dans la bouche, [illegible] mois [illegible]

[illegible]

j'ai donné de la [illegible] pendant le [illegible] [illegible]
qui [illegible] [illegible] [illegible], [illegible]
la même dose [illegible] avoir mangé de la graine de cette plante,
plusieurs [illegible] ont [illegible] été empoisonnés, [illegible]
[illegible] [illegible] l'usage interne, [illegible]
désagréables de cette plante nous indiquent [illegible] que
nous devons prendre, lorsque nous en voulons faire usage.
[illegible] dans les [illegible] des plantes domestiques, [illegible]
[illegible] l'auteur de la [illegible], dit que la [illegible]
[illegible] de ses feuilles, [illegible]
[illegible], d'autres auteurs prétendent que
la fleur [illegible] les fièvres intermittentes, si l'on
[illegible] [illegible], [illegible]
[illegible] pour [illegible], la [illegible], on l'a
indiquée pour les convulsions, [illegible]
[illegible], [illegible]; [illegible] employé [illegible]
[illegible], [illegible]
[illegible] [illegible], [illegible]
[illegible] [illegible], [illegible]

[illegible].
Malgré le danger que quelques auteurs, comme nous l'avons dit,
attribuent à l'usage interne de cette plante, les
[illegible], [illegible] l'usage [illegible], [illegible]
[illegible] pour [illegible], [illegible]. Lining médecin à Charles-Town
[illegible] d'une lettre du docteur [illegible]
dans la Caroline [illegible] au docteur [illegible]
[illegible] à l'Université d'Edimbourg. Cette lettre se trouve
insérée dans les essais et observations physiques et littéraires
de la Société d'Edimbourg.

x [illegible], [illegible] qui [illegible]
Caroline appellent [illegible], qui croît dans cette province
ordinairement employé la racine [illegible], les [illegible]
après l'usage [illegible].
[illegible] la racine en poudre, en infusion dans l'eau
[illegible] donné la racine en poudre, [illegible]
[illegible], mais la poudre [illegible]
[illegible], il [illegible] pour [illegible]
[illegible] quelques gouttes d'huile [illegible]
[illegible] [illegible] 3 ou 12
[illegible], [illegible]
[illegible] de la racine [illegible]
[illegible] quelques [illegible], [illegible]
[illegible] pendant le temps [illegible]
[illegible] la racine en infusion, 20 grains [illegible]
lorsqu'on donne la racine en infusion [illegible], [illegible]
[illegible] pour un enfant [illegible]
[illegible], [illegible]
[illegible] [illegible]
[illegible], lorsqu'il y a de la fièvre, [illegible]
[illegible]; [illegible]
[illegible], [illegible] [illegible]
[illegible] quantité suffisante de [illegible].
[illegible] [illegible], [illegible]
[illegible] [illegible], [illegible]
[illegible], [illegible]
[illegible] [illegible]
[illegible] [illegible] l'[illegible], [illegible]

Donné [illegible]

depuis [illegible] . [illegible]
[illegible]
[illegible]
[illegible]
le [illegible]

[illegible]
[illegible] ([illegible]
[illegible]
[illegible]

quelque tems.
[illegible] je l'ai [illegible]
l'enfance [illegible] 30 [illegible]
[illegible], [illegible],
le [illegible]
plus, [illegible] les mêmes [illegible],
toujours l'enfance [illegible]
[illegible], lorsqu'on donne [illegible]
[illegible],
[illegible], qui [illegible] pour l'[illegible]
[illegible], [illegible],
[illegible], les enfans [illegible]
[illegible] plus [illegible], ou
[illegible]
[illegible] par [illegible]
[illegible] de la [illegible],
la [illegible] pour [illegible]
les symptomes [illegible], [illegible] quelques
[illegible], [illegible]
[illegible]
[illegible] quelque [illegible] soleil, ou [illegible], ou quelques
[illegible], mais [illegible] la [illegible]
[illegible], ou [illegible]
[illegible], je [illegible] dans un
[illegible] ([illegible]
[illegible], que [illegible] qui
le Docteur Lining), [illegible]
[illegible], il [illegible]
[illegible], il y a [illegible]
[illegible] des malades, [illegible]
[illegible]
[illegible], mais [illegible]
[illegible], [illegible] à Charles-town, [illegible]
[illegible], [illegible] aussi [illegible]
[illegible]
[illegible]
le, [illegible]
[illegible]
Lining [illegible]; [illegible]
[illegible]
[illegible]
[illegible]
[illegible]
[illegible]
[illegible]
[illegible], malgré le [illegible]
[illegible]
[illegible]

[illegible]

l'aillier [illegible], nous pensons [illegible], que l'usage
de la [illegible] [illegible] [illegible] pour [illegible]
[illegible] nous [illegible] [illegible] d'un [illegible]
à moins que [illegible] du pouvoir [illegible] plus [illegible]
qui [illegible] [illegible], nous [illegible]
ne jamais [illegible] d'[illegible] les [illegible] d'[illegible]
[illegible] les [illegible] [illegible]
bien d'[illegible], [illegible] des [illegible], a [illegible]
sur une couche [illegible] quand [illegible]
[illegible], [illegible]
pour toute sorte de [illegible], elle [illegible]
[illegible] bonne [illegible] car il ne [illegible] pour
l'[illegible]. Si on veut [illegible] pour [illegible], il [illegible]
des [illegible]

Dissertations

Sur l'érable opale

1

On place au nombre des grands arbrisseaux l'érable opale, qui croît naturellement dans l'Italie, [illegible] [illegible] [illegible] [illegible] [illegible] [illegible] [illegible] [illegible] [illegible] [illegible] [illegible] [illegible] [illegible] [illegible] [illegible] [illegible] T. 2, pl. 107. [illegible] [illegible] [illegible] Rai ; acer majus, folio rotundiore minus laciniato, [illegible] [illegible] [illegible] Rome [illegible] [illegible] [illegible] [illegible] [illegible] [illegible] [illegible] [illegible] [illegible] [illegible] [illegible] [illegible] [illegible] [illegible]

Dissertation

Sur l'immortelle [illegible]

qui mérite d'être cultivée par préférence

pour la beauté de ses fleurs

une des plus belles fleurs, et qui mériterait d'être plus connue, qu'elle ne l'est, [illegible] l'immortelle [illegible], elle croît naturellement au Cap de Bonne espérance et est représentée dans la Collection des oiseaux d'Edwards, pl. 163 et dans notre grand Jardin de l'univers, T. 1. pl. 5. elle se nomme gnaphalium ~~[illegible]~~ eximium. gnaphalium frutescens foliis sessilibus, ~~[illegible]~~ ovalibus, confertis, ~~[illegible]~~ erectis, tomentosis, capitulo sessili. Linn. Syst. veget. ed. XIII. 620. mant. 573. Elychrysum africanum foliis sessilibus, ~~[illegible]~~ tomentosis capitulis congestis, [illegible]. [illegible] act. 183. Cette belle plante est remarquable par ses fleurs globuleuses et [illegible], d'un [illegible]; ses tiges [illegible] hautes d'un pied et droites, elles sont ligneuses, grosses comme le doigt, [illegible], entièrement [illegible] par les feuilles, [illegible] de leur [illegible]. [illegible] les seules sont ovales, pointues, [illegible], [illegible] comme [illegible] de [illegible], [illegible] dans la [illegible], [illegible], [illegible], [illegible] la [illegible], [illegible] elles sont d'un [illegible] les fleurs [illegible], [illegible] sessiles [illegible] des [illegible] sont [illegible], [illegible], elles sont [illegible], [illegible] comme une [illegible]; [illegible] d'autres ovales [illegible] [illegible] [illegible].

[illegible], [illegible]; les fleurs [illegible] ~~[illegible]~~ [illegible] dans [illegible] plus, [illegible] [illegible] les [illegible], [illegible] partie supérieure [illegible] ~~[illegible]~~ les [illegible]; la feuille ~~[illegible]~~ [illegible] [illegible] ~~[illegible]~~ [illegible] [illegible] pédicule, [illegible] la ~~[illegible]~~ [illegible] ~~[illegible]~~ [illegible] [illegible] pédicule, [illegible] dans la [illegible] [illegible] que la [illegible], [illegible] ~~[illegible]~~ gnaphalium [illegible] [illegible] ~~[illegible]~~ [illegible] [illegible].

Dissertation

Sur l'acanthe, [illegible]

[illegible]

[illegible]

Ce genre de plante [illegible] Branca ursina acanthus, [illegible] Branche ursine, [illegible] Bear's Breech, en allemand Baerenklau, en italien acanto Brancorsina, en espagnol yerva gigante, [illegible] Branque ursine. il [illegible] [illegible] [illegible] Branca ursina [illegible]

[illegible]

[illegible] acanthus mollis. acanthus [illegible] foliis sinuatis inermibus. Lin. Spec. plant. 891. [illegible] 326. [illegible] 181. [illegible] 318. [illegible] 304. [illegible] 278. acanthus sativus, vel mollis virgilii. Bauh. pin. 383. [illegible] 136. [illegible] acanthus, [illegible] Branca ursina. Bauh. [illegible] 3. p. 75. acanthus sativus [illegible] 77. acanthus [illegible] acanthus vulgo Branca ursina, [illegible] 333

[illegible]

[illegible]

[illegible]

plus aisé de la multiplier par drageons, pour l'ensuite en détacher vers le mois de may des éclats pris les drageons, on peut la planter dans toute sorte de jardins; cependant on fera bien de l'éviter les endroits trop humides, on fera bien, qu'ils ne [illegible] pas, [illegible] d'éviter les endroits trop humides [illegible] de belles plantes, si on a soin de les [illegible] l'été [illegible] les [illegible] couvrir [illegible] de paille [illegible] pendant l'hyver les deux 1ères années, l'acanthe pousse avec une grande quantité de racines et de drageons, aussi on est obligé de les [illegible] de temps en temps, pour qu'elles ne nuisent pas aux plantes voisines.

Cette plante ne remplace dans [illegible] et mucilagineuse, elle a pour [illegible] [illegible], [illegible] l'analyse qu'on en fait [illegible], elle contient beaucoup de sel ammoniac, et une médiocre quantité d'huile [illegible] dans beaucoup de phlegme, elle a [illegible] des plantes émollientes, qui sont les mauves, les [illegible], les [illegible] [illegible] les [illegible] et l'acanthe.

L'acanthe commune se cultive dans les jardins [illegible] l'usage [illegible] l'acanthe commune se cultive dans les jardins [illegible] pour les [illegible], on l'emploie dans les [illegible] [illegible] l'ivoration, pour [illegible] [illegible] la [illegible], [illegible] [illegible], [illegible] [illegible] [illegible] celles qui sont [illegible], on l'employe [illegible] [illegible] [illegible] [illegible] [illegible], [illegible] pour l'ensuite [illegible] [illegible] l'[illegible] [illegible], [illegible] [illegible] [illegible] les [illegible] [illegible] [illegible] de ses feuilles, elles sont [illegible] [illegible] dans les [illegible] [illegible] le [illegible] les [illegible] [illegible] [illegible], [illegible] [illegible] plantes [illegible], [illegible] [illegible] par les [illegible] [illegible] [illegible] [illegible]; [illegible] [illegible] [illegible] [illegible] [illegible] [illegible] [illegible] [illegible] [illegible] [illegible] [illegible] [illegible] [illegible] [illegible] [illegible] [illegible] [illegible] [illegible] les malades, les [illegible] [illegible], par les [illegible] de grande [illegible] [illegible] [illegible] [illegible] [illegible] [illegible] [illegible] [illegible] [illegible] [illegible] [illegible] [illegible] [illegible] [illegible] [illegible] de grande [illegible]

[illegible] [illegible] [illegible] [illegible] [illegible] [illegible] [illegible] [illegible] les [illegible] [illegible] [illegible] [illegible] [illegible] pour [illegible] [illegible] [illegible] [illegible] [illegible] [illegible] les [illegible] [illegible] [illegible] [illegible] colonnes de l'ordre corinthien. La [illegible] [illegible] [illegible] [illegible] [illegible] de l'acanthe [illegible] [illegible] [illegible] [illegible] [illegible] de l'[illegible] d'[illegible], [illegible] [illegible] [illegible] [illegible] [illegible] de l'[illegible] [illegible].

Des feuilles d'acanthe ou [illegible]:

[illegible] [illegible] [illegible] [illegible] acanthe.

L'acanthe commune [illegible] et la [illegible] du jardin l'acanthe commune [illegible] [illegible] [illegible] [illegible] [illegible] [illegible], [illegible] [illegible] [illegible] [illegible] [illegible] [illegible] [illegible] [illegible] [illegible] [illegible] [illegible] [illegible] [illegible] [illegible] [illegible] [illegible] [illegible] [illegible] [illegible], qui l'[illegible] avec les [illegible] [illegible] [illegible] [illegible] [illegible].

[illegible] [illegible] [illegible] de chardon, acanthus [illegible] [illegible] l'acanthe [illegible] [illegible] de chardon, acanthus foliis [illegible] spinosis, spinis [illegible].

[illegible] radicat. [illegible] [illegible] [illegible] XIV. p. 480. [illegible] [illegible] Supplementum. p. 274. Cette espèce s'élève [illegible] [illegible] [illegible] [illegible] [illegible] [illegible] de hauteur, sa tige [illegible] [illegible] [illegible], ses feuilles sont [illegible] [illegible] [illegible], [illegible] comme celles du chardon, [illegible] [illegible] [illegible] [illegible] [illegible] [illegible] [illegible] [illegible] [illegible] [illegible] [illegible] [illegible] [illegible] [illegible] [illegible] [illegible] [illegible] [illegible]; les calyces sont [illegible] [illegible] [illegible] [illegible] [illegible] [illegible] [illegible] [illegible] [illegible] [illegible] [illegible] [illegible], il [illegible] [illegible] [illegible] [illegible] [illegible] [illegible], [illegible] [illegible] [illegible]

au printemps sont [illegible], ont [illegible]
jeunes plantes [illegible] de [illegible]
[illegible] dans le [illegible], ou [illegible]
l'hyver.

La 3e espece [illegible]. acanthus spinosus.
acanthus foliis pinnatis, spinosis. mill. [illegible] Dict. XIV. p. 58.
Linn. sp. plan. 892. [illegible] 326. [illegible] 304. acanthus
aculeatus. Bauh. pin. 383 [illegible] 386
[illegible] p. 237. acanthus sylvestris [illegible] 317. [illegible]
acanthus, [illegible] p. [illegible] 3. 75. acanthus
sylvestris [illegible] aculeatus [illegible] 433.

[illegible]

Le 4e espece [illegible] acanthus dioscoridis.
acanthus foliis lanceolatis integerrimis, marginibus spinosis. mill. [illegible]
Dict. XIV. p. 580. [illegible] 192 acanthus dioscoridis
[illegible] 675. [illegible] 3. p. 608. [illegible]
Suppl. 636. [illegible]

[illegible]

Le 5e espece [illegible] acanthus ilicifolius.
acanthus foliis repandis dentato-spinosis, caule fruticoso —
aculeatus. mill. [illegible] Dict. XIV. p. 580. Linn. sp. plan.
892. 086. [illegible] 72. acanthus [illegible], aquifolium [illegible]
Sia. 10. 902. [illegible] 1166. [illegible] 26.
[illegible]
[illegible] 6. p. 163.
6. n° 16. aquifolium [illegible] 6. [illegible]
[illegible] Schylli. [illegible] mal. 2. p. 33. [illegible]
[illegible]

oostindsche [illegible], ou [illegible], ou [illegible]
[illegible] Dieregudjoe, ou [illegible] galli galli
[illegible] il se distingue
[illegible]
[illegible] par leurs [illegible]
[illegible] de la [illegible]
[illegible] blanches [illegible]
[illegible] celles de l'[illegible] par les [illegible]
[illegible]
[illegible] blanches [illegible]
les [illegible] celles de l'[illegible]
[illegible] que celles [illegible]
plus petites; [illegible]
[illegible] dans une [illegible]
[illegible] dans chaque [illegible]
[illegible]. Il est figuré dans
[illegible] pl. 34. fig. 1. Dans [illegible]
[illegible] pl. 11. fig. 26. Dans [illegible], T. 6. pl. 82
2. p. 33. T. 38. [illegible]
[illegible] dans [illegible]
dans les [illegible]

[illegible]
[illegible]
[illegible] dans [illegible]
[illegible] dans les [illegible]
[illegible]
les habitans de [illegible]
blanches [illegible]
les [illegible] la plage [illegible]
[illegible] dans le pays, les [illegible]
[illegible]
[illegible] le [illegible]
[illegible]
[illegible] dans la [illegible]
qui [illegible]
[illegible] le [illegible]
[illegible]
[illegible]
[illegible]
[illegible]. La femme [illegible]
[illegible] de la [illegible]
[illegible]
[illegible]
[illegible]
[illegible] pays [illegible]
[illegible] plus [illegible]
plus [illegible]
[illegible]
[illegible]
[illegible] dans les [illegible]
[illegible]
[illegible]
[illegible] dans [illegible]
l'usage. [illegible] le plus grande [illegible]
[illegible]
les [illegible] de [illegible]
[illegible]

[illegible], [illegible] [illegible] [illegible] [illegible]
[illegible] ajouté [illegible] [illegible] [illegible] [illegible] [illegible]
[illegible] plante dans les [illegible], [illegible] [illegible] [illegible]
[illegible] des [illegible], [illegible] [illegible] [illegible]
[illegible] [illegible] [illegible] [illegible] [illegible]
[illegible].

Le [illegible] [illegible] [illegible] [illegible] [illegible]
[illegible] des [illegible] plantes, [illegible] [illegible]
[illegible] [illegible].

Le 6.e [illegible] [illegible] [illegible] [illegible], [illegible]
[illegible], [illegible] foliis oblongis [illegible], [illegible]
Caule [illegible] [illegible]. [illegible] [illegible]. D. XIV
p. 540. Lam. fol. Suppl. p. 294. [illegible] [illegible] [illegible] feuilles
[illegible] [illegible], les tiges [illegible] [illegible]
[illegible] [illegible] [illegible], [illegible] [illegible]
[illegible] [illegible] [illegible] [illegible] [illegible] [illegible]
des [illegible], [illegible] [illegible] [illegible] dans les [illegible]
[illegible], [illegible] [illegible] [illegible].

Le 7.e [illegible] [illegible] [illegible]. [illegible] [illegible]
[illegible] foliis oblongis [illegible], Caule
[illegible] [illegible]. [illegible]. [illegible]. D. XIV.
p. 540. Lam. fol. Suppl. 294. les feuilles [illegible]
[illegible] [illegible] oblongues, [illegible] [illegible] des
[illegible], les tiges [illegible] [illegible] des tiges [illegible]
[illegible] [illegible] [illegible] [illegible] [illegible]
[illegible] [illegible] [illegible] [illegible], [illegible]
[illegible].

Le 8.e [illegible] [illegible] [illegible]. [illegible] [illegible]
[illegible]. [illegible] foliis oblongis [illegible],
Caule [illegible], [illegible] spinis [illegible]
[illegible]. [illegible]. [illegible]. D. XIV. p. 540. Lam.
fol. Suppl. p. 294. les feuilles [illegible] [illegible]
oblongues, [illegible] [illegible]; les tiges [illegible]
[illegible] [illegible] [illegible] [illegible] [illegible]
épines [illegible] pointes, [illegible] [illegible] [illegible]
[illegible].

Le 9.e [illegible] [illegible]. [illegible] [illegible], [illegible] foliis
oblongis [illegible], Caule [illegible] [illegible], [illegible] [illegible]
Spinis [illegible] [illegible]. [illegible]. [illegible]. D. XIV.
p. 540. Lam. fol. Suppl. p. 295. [illegible] [illegible] [illegible]
[illegible], [illegible], [illegible] [illegible] [illegible]
[illegible]. les feuilles [illegible], [illegible] [illegible], [illegible],
[illegible], [illegible], [illegible] [illegible] [illegible] [illegible]
[illegible] [illegible] [illegible], [illegible]
[illegible] épines, [illegible] [illegible] [illegible] [illegible]
par [illegible] 3.e [illegible] pointes, les fleurs [illegible] [illegible]
[illegible] [illegible]; les [illegible] [illegible] [illegible]
que les feuilles, [illegible] [illegible] [illegible] [illegible]
grand nombre d'épines; les [illegible] [illegible] [illegible],
[illegible] [illegible] [illegible], [illegible] [illegible] [illegible]
[illegible]

[illegible], les [illegible] [illegible], [illegible]
3 lignes, [illegible]
[illegible].
Les 10 [illegible] [illegible] des [illegible]. [illegible]
[illegible]. [illegible], [illegible]
[illegible]. [illegible] [illegible] XIV.
[illegible], [illegible]. [illegible] [illegible]
[illegible]. [illegible]. pl. [illegible]. [illegible]
[illegible], [illegible] [illegible]
[illegible]. [illegible]. [illegible]. [illegible]
[illegible], [illegible] [illegible] les [illegible]
[illegible]; les [illegible], [illegible]
[illegible]; les [illegible] [illegible], [illegible]
[illegible] [illegible] [illegible]
[illegible] [illegible], les [illegible] [illegible]
[illegible] [illegible], [illegible] les deux [illegible],
et plus longues [illegible] les deux [illegible] plus [illegible]
[illegible]; [illegible]
[illegible] [illegible]. pl. 42 fig. 1 [illegible]
[illegible] [illegible]. fig. 12.

Dissertation

Sur les [illegible]

[illegible]

Les caractères de ce genre de plante [illegible] le périanthe des fleurs [illegible] en plusieurs pièces, [illegible] ; [illegible] arrondies, [illegible] [illegible]. [illegible] Les pétales [illegible] ; les anthères [illegible] [illegible] ; les filamens des étamines [illegible] ; le germe [illegible] ; le stigmate [illegible] ; la capsule [illegible] [illegible]. [illegible] Camellia japonica Lin. [illegible] Tsubakki montana [illegible], flore roseo [illegible] Tab. 33. fig. 4. [illegible] Kaempf. Amoen. exotic. p. 851.

[illegible] Tsubakki [illegible] Kaempf. amoen. [illegible] 2. p. 67. [illegible] 852 [illegible]. [illegible] San-sa [illegible] vol. XI. p. 209. [illegible] rose du Japon, [illegible] [illegible] T. 2. pl. 67. [illegible] pl. 33. fig. 4. [illegible] pl. 851. [illegible] T. 1. pl. 41. [illegible] T. 2. pl. 136 [illegible] pl. 27. [illegible] T. 2. pl. 134.

Dissertation

Sur l'heliophylle a feuilles entières, propre a orner nos jardins par les jolies Bordures, qu'on en peut faire

Dans notre [illegible] du regne vegetal T. 7. p. 159 nous avons donné la description des deux especes d'heliophyle, M.r Lamarck dans son encyclopedie donne en outre les descriptions de 4 autres especes, sans y ajouter, dont il rapporte les phrases, sans avoir pu les [illegible] [illegible] [illegible] [illegible] [illegible] d'une seule espece, [illegible] [illegible] [illegible] [illegible] [illegible] [illegible] [illegible] [illegible] dans l'ouvrage [illegible] [illegible] [illegible] Burman, [illegible] [illegible] [illegible] [illegible] dans nos [illegible] 2. [illegible] [illegible] [illegible] [illegible] [illegible] [illegible] le regne [illegible] [illegible] T. 1. pl. 47. [illegible] [illegible] heliophyle a feuilles [illegible]. heliophyllon [illegible]. heliophyllon foliis lanceolatis [illegible] [illegible] [illegible]. [illegible] [illegible]. Cheiranthus foliis lanceolatis, integerrimis, [illegible] acutis, siliquis [illegible], [illegible], caule herbaceo. [illegible] [illegible] 6. [illegible] 23. [illegible] africanum, [illegible] [illegible] [illegible]. [illegible] 364. [illegible] [illegible], [illegible] siliquis in plurimis [illegible]. [illegible]. phyt. 432. les feuilles sont [illegible], [illegible], [illegible], [illegible], [illegible], [illegible], [illegible], [illegible] [illegible] [illegible]. la fleur [illegible] [illegible] [illegible] [illegible] [illegible] [illegible], [illegible]; [illegible] [illegible] [illegible] par 4 [illegible] [illegible] [illegible], [illegible] [illegible] [illegible], [illegible] [illegible], [illegible], [illegible], [illegible] [illegible] [illegible] [illegible] [illegible] [illegible] [illegible] [illegible] [illegible] T. 1. pl. 17. fig. 5. [illegible] [illegible] dans son [illegible] dans son [illegible] T. 1. pl. 17. fig. 5. [illegible] dans sa phytographie pl. 432. fig. 2 [illegible] pl. 365; [illegible] dans [illegible] Bordures [illegible] [illegible] [illegible] Buis, [illegible] dans des pots, [illegible] [illegible] [illegible] [illegible] [illegible] [illegible] jardin

---

Dissertation

Sur les Pelargonium connus plus communément

Sous le nom de Geranium

Sur les différentes espèces, [illegible]

avec leurs propriétés principales

[illegible] ornement de jardin

Le caractère de ce genre de plantes [illegible] [illegible] [illegible] [illegible] [illegible]

[illegible]

Pelargonium [illegible] foliis glabris [illegible] [illegible] XIV [illegible]

[illegible]

Pelargonium [illegible] foliis glabris [illegible]

[illegible]

pl. 30.

Le 3e espèce [illegible] Pelargonium [illegible] Chaumontien

[Margin: [illegible]]

[Margin: Les [illegible] dans le Florid[illegible] [illegible] Jacquin pl. 235]

V. Suppl. p. 237 Pallas flora rossica T. 30

Rhododendron Chrysanthum. Rhododendron foliis oblongis impressis supra scabris venosissimis, corollis rotatis irregularibus; gemmis floriferis, ferrugineo-tomentosis. Linnaei Sist. veget. edit. gmelin n° 6 g 4. Les feuilles de Chrysanthum sont allongées, leur [illegible] [illegible] [illegible], les corolles de ses fleurs [illegible] [illegible] [illegible], [illegible] [illegible] de fleurs [illegible] [illegible] irrégulières; [illegible] [illegible] [illegible] dans les flores de [illegible] [illegible]. Cette espèce [illegible] [illegible] dans la Sibérie.

pl. 31. Rhododendron du Caucase. Rhododendron Caucasicum. La 4e espèce est le Rhododendron [illegible]. Rhododendron foliis scabris, ovalis, margine inflexo subtus ferrugineis, [illegible] [illegible]: [illegible] [illegible]. Pall. flora rossica T. 32. Linn. Sist. veg. edit. gmelin 6 g 4. Les feuilles de [illegible] [illegible] [illegible], [illegible], [illegible] [illegible], [illegible]. Cette espèce [illegible] [illegible], les corolles de ses fleurs [illegible], [illegible] [illegible] [illegible] [illegible] [illegible]. Cette espèce croît sur le mont Caucase [illegible] représentée dans la flore de [illegible] pl. 31.

Rhododendron hirsute. La 5e espèce est le Rhododendron hirsutum. Rhododendron foliis ciliatis nudis, corollis infundibuliformibus. Jacq. fl. austr. 3. p. 254, Linn. Sist. veget. edit. gmelin p. 6 g 4. Cette espèce est représentée dans les flores d'autriche par Jacquin. pl. [illegible] [illegible] [illegible] [illegible] sur les plus hautes montagnes d'[illegible] [illegible] [illegible] [illegible], sur les alpes, [illegible] [illegible] [illegible] [illegible] d'Autriche, [illegible] [illegible] [illegible] [illegible] [illegible] [illegible], [illegible] [illegible] [illegible] [illegible] [illegible] [illegible] [illegible] [illegible] [illegible], [illegible] [illegible] [illegible] [illegible] [illegible] [illegible] [illegible] [illegible] [illegible] [illegible] [illegible] [illegible] [illegible] [illegible]. [illegible] [illegible] [illegible] [illegible] [illegible] [illegible] [illegible] [illegible] [illegible] [illegible] [illegible] [illegible], [illegible] [illegible] [illegible] [illegible] [illegible] [illegible] [illegible] [illegible] [illegible] [illegible] [illegible] [illegible] [illegible] [illegible] [illegible]; [illegible] [illegible] [illegible] [illegible] [illegible], [illegible] [illegible] [illegible] [illegible] [illegible] [illegible] [illegible] [illegible] [illegible] [illegible] [illegible] [illegible] [illegible], [illegible] [illegible] [illegible] [illegible] [illegible] [illegible] [illegible] [illegible], [illegible] [illegible] [illegible] [illegible] [illegible] [illegible] l'ombre, [illegible] l'ombre, [illegible] l'ombre [illegible] [illegible] [illegible] [illegible] [illegible] [illegible] [illegible] [illegible] [illegible] [illegible] [illegible] [illegible] [illegible] [illegible] [illegible] [illegible], [illegible] [illegible] [illegible] [illegible] [illegible] [illegible] [illegible] [illegible] [illegible] [illegible] [illegible] [illegible] [illegible] [illegible] [illegible] [illegible]. Ce Rhododendron [illegible] [illegible] [illegible] [illegible] [illegible], [illegible] [illegible] [illegible] [illegible] [illegible] [illegible] [illegible], [illegible]. [illegible] dans les flores d'autriche par Jacquin T. 1. pl. 38.

La 6e espèce est le Rhododendron ferrugineux. Rhododendron Chamaecistus. Rhododendron foliis ciliatis [illegible] [illegible] [illegible] [illegible] corollis rotatis. Linn. Sist. veg. edit. gmelin p. 6 g 4. Cette espèce [illegible] [illegible] [illegible] [illegible] dans les flores d'autriche par Jacquin. Tome 3. pl. 253. Ses [illegible] [illegible] [illegible] [illegible], ses feuilles [illegible], ciliées, [illegible] [illegible], ses [illegible] [illegible] [illegible] [illegible].

La 7e espèce est le Rhododendron de Kamtschatka. Rhododendron Kamtschaticum

[illegible]

[illegible]

[illegible]

[illegible] pl. 27. fig. 2.

[illegible] Cor. 4. pl. 63. fig. [illegible]

[illegible] 10. pl. 24 fig 2. [illegible]

[illegible] pl. 24. fig. 2 [illegible]

[illegible]

Dissertation [illegible]

Sur une [illegible] des [illegible]

[illegible] figures [illegible] le nom d'[illegible]

[illegible] nous avons donné la première

Les figures [illegible] [illegible] appelé

[illegible] [illegible] que les [illegible] [illegible]

[illegible] les [illegible] des fleurs

[illegible] [illegible]

Dans le jardin

[illegible] 1798. [illegible] [illegible] nous avons [illegible] [illegible] pour [illegible] [illegible] les figures [illegible] du jardin [illegible] plus [illegible] plantes [illegible] que quelques [illegible] [illegible] les [illegible] [illegible] [illegible] des gastons, [illegible] [illegible] [illegible] [illegible] [illegible] [illegible] [illegible] [illegible] plantes [illegible] [illegible] [illegible] plantes [illegible] les figures, [illegible] la première, mais il [illegible] [illegible] [illegible] il [illegible] [illegible] [illegible] [illegible] [illegible] [illegible] le nom d'[illegible]; dans les fleurs [illegible] [illegible] le nom [illegible] [illegible] [illegible] [illegible] [illegible] [illegible] [illegible] [illegible] [illegible] [illegible] [illegible] des plantes, [illegible] [illegible] [illegible] les plantes, [illegible] [illegible] [illegible] [illegible] [illegible] [illegible] le jardin [illegible] [illegible] [illegible] [illegible] [illegible] [illegible] [illegible] dans ce jardin, [illegible] [illegible] [illegible] [illegible] [illegible] [illegible] [illegible] [illegible] [illegible] [illegible] [illegible] [illegible] [illegible] [illegible] [illegible] [illegible] [illegible] le jardin [illegible] [illegible] par le [illegible].

[illegible] de l'[illegible], [illegible]

[illegible] de [illegible] des fleurs [illegible]

[illegible] 4 ou 5 [illegible]

le [illegible] des fleurs [illegible]

[illegible] des 4 ou 5

[illegible]

[illegible]

[illegible]

[illegible] les [illegible] des [illegible]

[illegible]

[illegible]

[illegible]

[illegible] fleurs [illegible] 1771 [illegible]

[illegible]

[illegible]

[illegible]

fleurs [illegible]

[illegible]

[illegible]

[illegible]

[illegible]

[illegible] 1777. [illegible]

[illegible] par les [illegible]

des fleurs [illegible]

[illegible] fleurs

[illegible]

[illegible] des fleurs [illegible]

[illegible]

[illegible]

Dissertation

Sur les Balsamines

et sur les propriétés économiques,

empiriques et médicinales

Les Balsamines [illegible] Balsamine [illegible] / dont les tiges sont droites, [illegible], [illegible], [illegible], / [illegible] s'élèvent à la hauteur de 3 ou 4 pieds, / ses feuilles sont [illegible], étroites, longuettes, pointues, [illegible], / [illegible] le long des [illegible]; ses / [illegible] fleurs [illegible], [illegible], disposées [illegible] aux aisselles / des feuilles, [illegible] [illegible] de plusieurs [illegible] / [illegible] [illegible] / [illegible], [illegible], [illegible], [illegible]. / Cette plante [illegible] [illegible] folio [illegible]. [illegible]. / [illegible] [illegible] [illegible] [illegible] / [illegible] [illegible]. Balsamina [illegible], [illegible] / [illegible]. [illegible]. [illegible] / [illegible], [illegible] folio, Balsamina [illegible], [illegible] / [illegible] Rumph. [illegible]

On cultive les Balsamines dans les jardins, [illegible] / [illegible], [illegible] [illegible] [illegible] / [illegible] [illegible] / [illegible] / [illegible] / [illegible] cette plante [illegible] / [illegible] / [illegible] / la plate-bande d'un parterre, [illegible] / de cette plante [illegible], [illegible] / [illegible].

[illegible] / [illegible] / [illegible] / [illegible] / [illegible] / [illegible] / [illegible] / cette plante, [illegible] / [illegible], il [illegible] / par [illegible], le hasard, [illegible] / [illegible] / [illegible] / [illegible] plante, qui [illegible] / [illegible] / [illegible] / [illegible] [illegible] [illegible] / [illegible]

[illegible]

j'avois longtemps [illegible] de [illegible] [illegible] qui me confirme dans le préjugé, [illegible] [illegible] [illegible] [illegible] [illegible], que les [illegible] [illegible] plante qui a la feuille semblable a celle du [illegible], pour me [illegible] qu'elle [illegible] [illegible] du [illegible], et que les [illegible] [illegible] [illegible] des [illegible] [illegible]; cependant je ne me [illegible] pour [illegible] [illegible] que [illegible] [illegible] [illegible] Chinois, [illegible] [illegible] [illegible] quelques [illegible] [illegible] [illegible] [illegible], [illegible] [illegible] qu'il [illegible] [illegible], j'[illegible] [illegible] [illegible] je luy demanday comme [illegible] [illegible] [illegible] [illegible]: Sao-tcheou-tsao, me répondit-il, [illegible] [illegible], plante pour le [illegible], je le [illegible] [illegible] [illegible] [illegible] sous le nom [illegible], [illegible] je ne [illegible] [illegible] plus qu'à [illegible] de son [illegible], [illegible] me [illegible] [illegible] qu'en [illegible], mais faisant reflexion, que les [illegible] des les Chinois [illegible] [illegible] de [illegible] [illegible] [illegible] [illegible] [illegible], pour exprimer le nom de [illegible] plante, je demanday a mon [illegible], [illegible] [illegible] [illegible], quel nom on luy donnoit dans le [illegible] de [illegible], il me répondit qu'on la nommoit [illegible] [illegible] les [illegible] [illegible] sous ce nom.

Si l'on [illegible] [illegible] [illegible], [illegible] [illegible] [illegible], que la propriété que l'auteur Chinois luy attribue [illegible], elle [illegible] [illegible] pas plus [illegible] [illegible], [illegible] [illegible] [illegible] [illegible] [illegible] [illegible] [illegible] [illegible] [illegible] [illegible] [illegible] [illegible] 7 ou 8 pieds, [illegible] [illegible] [illegible] [illegible] [illegible] [illegible], quand il [illegible] [illegible]; qu'en [illegible] qu'elle [illegible] [illegible] [illegible] [illegible] [illegible] branches garnies de feuilles semblables a celles du [illegible] [illegible] [illegible] les branches [illegible] [illegible] [illegible] [illegible] [illegible] [illegible] [illegible] pyramide, il ajoute que les feuilles [illegible] tendres [illegible] [illegible] [illegible] [illegible] [illegible] [illegible] qu'on [illegible] manger [illegible] [illegible] [illegible] [illegible], [illegible] luy donnent un goût [illegible] [illegible] qu'en [illegible] [illegible] [illegible] [illegible] [illegible], les feuilles [illegible] [illegible] [illegible] d'estre mangeables, [illegible] [illegible] [illegible] dans [illegible] [illegible] [illegible], [illegible] [illegible] qui [illegible] [illegible] [illegible] [illegible] dans les [illegible] [illegible]. lorsque la plante [illegible], [illegible], [illegible] [illegible] [illegible] [illegible] [illegible] [illegible] [illegible], [illegible] [illegible] [illegible] des [illegible], [illegible] [illegible] [illegible] [illegible] [illegible] [illegible] de la [illegible], [illegible] les Chinois, [illegible] [illegible] [illegible], [illegible] [illegible] [illegible] [illegible] [illegible] [illegible] pour [illegible] [illegible] [illegible], [illegible] [illegible] [illegible] [illegible] [illegible] [illegible] [illegible] la [illegible] [illegible] [illegible], [illegible] pour manger, [illegible] [illegible] [illegible] [illegible], mais [illegible] [illegible] [illegible] [illegible] [illegible] [illegible] de ses graines [illegible], mais [illegible] [illegible] il [illegible] [illegible] [illegible] de la campagne de [illegible] [illegible]

[illegible] [illegible] [illegible]

[illegible] nécessité; je pourrois [illegible]

risque [illegible] par [illegible]

Chinois [illegible], qui [illegible]

l'histoire [illegible], qui [illegible]

[illegible] feuilles; [illegible] de la rhubarbe, qui

[illegible]

jusqu'aux [illegible], il rapporte [illegible]

l'opinion des deux philosophes, qui [illegible] la rhubarbe

[illegible] des [illegible] de la [illegible]

[illegible] de la rhubarbe, [illegible]

vie, [illegible]

» Serons nous [illegible] lumières, disoit l'un d'eux, pour

faire d'utiles réflexions sur les diverses propriétés [illegible]

[illegible] pendant pour nous [illegible]

[illegible] sur tous ceux qui [illegible] plantes, » j'entends [illegible]

[illegible], lui répondit l'autre, je suis [illegible]

dans ma patrie, car je [illegible], loin de [illegible]

[illegible] la rhubarbe n'y [illegible]

[illegible], et les grands fleuves Kiang [illegible]

[illegible] la rhubarbe [illegible]

[illegible]

[illegible], qui [illegible]

dans [illegible], [illegible]

[illegible]

[illegible] la rhubarbe,

il [illegible]

[illegible]

[illegible]

[illegible]

[illegible]

[illegible] 2 gros, [illegible]

[illegible]

[illegible] par les grandes [illegible]

[illegible]

[illegible] Chinois,

[illegible]

[illegible]

[illegible]

[illegible] de la rhubarbe, il [illegible]

[illegible]

[illegible]

Si [illegible]

[illegible]

[illegible], ajoute-t-il, [illegible]

certains auteurs Chinois, qui [illegible]

[illegible]

[illegible], nous [illegible]

[illegible]

les principales [illegible]

[illegible]

[illegible]

[illegible]

[illegible]

en d'une [illegible] des Cordes, ainsi que nous l'avons déjà observé ;
[illegible] plantes qui sont ressemblantes aux [illegible]
[illegible], et la figure d'un Cygne ; elles parviennent à la hauteur
d'environ 2 pieds [illegible] présentent des [illegible]
en grappe [illegible] ; [illegible]
[illegible] de Calice, [illegible]
[illegible]
[illegible]

Description [illegible]

Sur une nouvelle espèce de Bruyère [illegible] découverte en 1778 [illegible] publiée [illegible] la première [illegible] en 1787

Cette espèce de Bruyère [illegible] haute de 2 pieds, [illegible]
ses rameaux [illegible] épars, un peu cylindriques, [illegible]
[illegible] ses feuilles, [illegible]
[illegible] les jeunes rameaux
[illegible]
[illegible] feuilles [illegible]
feuilles imbriquées, [illegible]
les feuilles des rameaux [illegible]
imbriquées, [illegible]
[illegible]
[illegible] le dos d'un sillon longitudinal, profond, [illegible]
[illegible]
[illegible]
[illegible] les pédicules [illegible]
[illegible] plus [illegible]
[illegible]
[illegible] que les fleurs, [illegible]
les rameaux [illegible] feuilles imbriquées, [illegible]
[illegible] fleurs [illegible]
[illegible]
[illegible] l'enveloppe [illegible] feuilles [illegible]
[illegible] l'enveloppe
[illegible] 4 fleurs [illegible] 6 [illegible] feuilles [illegible] plus [illegible]
[illegible] les [illegible] feuilles, les pédicules
[illegible] les fleurs [illegible] au nombre de 4, [illegible]
[illegible] le [illegible] du calice [illegible]
[illegible]
[illegible] cils [illegible]
[illegible] plus [illegible] les pétales [illegible] des fleurs,
les 6 [illegible]
[illegible] 2 fois plus longue que le calice,
[illegible] les lobes [illegible]
[illegible] les [illegible] 4 lobes [illegible]
[illegible]
[illegible] les filamens [illegible]
[illegible]
[illegible] blancs, les anthères [illegible]
[illegible]
[illegible] les fleurs, [illegible]
[illegible]
blancs, sillonnés; le style [illegible]
[illegible]
[illegible]
les [illegible]
[illegible]
[illegible]

[illegible]

foliis quaternis [illegible] [illegible]. [illegible]

D.C. XIV [illegible] Hag. Suppl. p. 219. [illegible] Stock-

holm 1778. p. 24. [illegible] [illegible]

[illegible] de l'Académie de Stockholm [illegible] 1778. pl. 2 [illegible]

[illegible] pl. V. [illegible]

[illegible] B. L.

Dissertation

Sur un ~~[illegible]~~ nouveau genre de plante, auquel on a donné le nom d'Hudsone

L'Hudsone est un nouveau genre de plante, rapporté dans la 1re mantisse de Linné et dont les caractères sont de n'avoir aucune corolle, un calyce partagé en cinq, tubuleux, les étamines sont au nombre de quinze, la capsule est à une loge, à 3 valves avec 3 graines, il fut placé dans la classe des dodécandries monogynies de Linné, [illegible] n'ayant connu qu'une espèce, qui est l'Hudsone en forme de bruyère. Hudsonia ericoides. Linn. Syst. nat. 334. mant. 1. p. 11. 74. Forster flor. americ. septentr. p. 21. Ericoides [illegible] Suffrutex virginianus, floribus [illegible], capsula seminali oblonga trifariam divisa. pluk. mant. p. 68. Elle croît naturellement dans la Virginie, sous la forme d'un buisson; ses tiges [illegible], [illegible], cylindriques, [illegible] par ses [illegible] [illegible] ses rameaux sont [illegible], épars, droits, feuillés, [illegible] les petits rameaux sont [illegible] droits, entourés [illegible]; les feuilles sont éparses, [illegible] d'abord, aiguës, persistantes, appliquées, imbriquées, longues d'une ligne ou un peu plus; les jeunes feuilles des rameaux sont [illegible]; les fleurs sont [illegible] en grappes sur côté; les grappes sont cylindriques, nombreuses, [illegible] terminales, feuillées, [illegible] les sommités des rameaux, [illegible] composées de petites grappes courtes, disposées [illegible]; les pédicules sont des petits rameaux propres, [illegible]; [illegible] cylindriques, [illegible], longs de 2 lignes, [illegible] composé de plusieurs folioles [illegible], [illegible], semblables à celles des rameaux; [illegible] partagé en [illegible] trois, [illegible] obtuses, un peu [illegible], [illegible]; les pétales sont au nombre de cinq, glabres [illegible], jaunâtres; [illegible] jaunes, [illegible], ovales, oblongs, obtus, plus courts que le calice; les étamines sont depuis 15 jusqu'à [illegible], [illegible] de la longueur de la corolle; [illegible] de l'ovaire [illegible], [illegible] ovale, [illegible]; le style [illegible], [illegible] de la longueur des étamines; le stigmate [illegible] cylindrique, [illegible] de la longueur des étamines, [illegible] plus court que le calice, [illegible] à une loge, à 3 valves; les graines sont au nombre de trois. Cette plante [illegible] approche [illegible] dodécandrie [illegible] [illegible] le Chevalier [illegible] [illegible] physique [illegible] 3 lignes.

Dissertation

en faveur des [illegible]

Sur les différentes préparations du fruit à pain usitées dans l'isle de Ceylan.

nous avons publié une dissertation sur l'arbre à pain dans le 2e volume de cette quatrième partie de notre [illegible] physique et économique des 3 règnes, mais nous avons trouvé depuis dans le voyage de Thunberg des détails sur cet arbre, qui paraissent assez intéressans pour n'être pas passés sous silence ici; cet arbre est totalement différent de l'arbre à pain des hottentots, sur lequel nous avons aussi publié une dissertation dans notre 3e volume. C'est une espèce de palmier, zamia [illegible], zamia caffra, avec la moëlle duquel les hottentots préparent leur pain. Ils enterrent cette moëlle [illegible] pendant 2 ou 3 mois, ensuite ils la pétrissent et la font cuire sous la cendre. [illegible] l'arbre à pain [illegible] propriétés [illegible], [illegible] millions d'habitans, il s'appelle l'artocarpus des botanistes, son fruit [illegible] mangé [illegible] dans l'isle de Ceylan [illegible] les fruits [illegible] l'homme, le fruit [illegible] [illegible]. l'espèce qui porte [illegible], ainsi que nous l'avons déjà observé. l'espèce qui porte les fruits les plus petits (jaca [illegible]) [illegible] qui [illegible] [illegible] les plus [illegible] dans le [illegible] [illegible]. l'autre espèce qui [illegible] le plus [illegible] [illegible] de l'isle, a des fruits plus gros [illegible] plus agréables [illegible] [illegible] jusqu'à 30 [illegible] 30 ou 40 livres [illegible] [illegible] [illegible] [illegible] 4 fois plus gros [illegible] [illegible] l'espèce, il [illegible] des [illegible] de [illegible] [illegible] [illegible] [illegible] pour [illegible] [illegible] [illegible] [illegible] plus d'un siècle; les fruits [illegible] [illegible] [illegible] [illegible], [illegible] [illegible], que [illegible] [illegible] [illegible] [illegible] mangé [illegible] [illegible], [illegible] [illegible] [illegible] [illegible] de [illegible], [illegible] [illegible] [illegible] plus grosses [illegible] [illegible] [illegible] [illegible] [illegible] les branches, [illegible] [illegible] habitans.

[illegible] [illegible] l'espèce [illegible] [illegible] le [illegible] [illegible] [illegible] [illegible] dans l'isle de Ceylan. Les habitans [illegible] [illegible] [illegible] les différentes [illegible], qu'ils donnent 3 noms différens [illegible] quand il n'a [illegible] que six [illegible], ils le nomment pollos quand il [illegible] pas plus gros, [illegible] [illegible] [illegible], [illegible] [illegible] [illegible] [illegible] [illegible] herali quand il [illegible] [illegible] [illegible] [illegible], [illegible]; pour manger [illegible] [illegible], [illegible] [illegible] [illegible] [illegible] quelques préparations, on le [illegible] [illegible] dans [illegible] [illegible], [illegible] [illegible] [illegible], [illegible] on le mange [illegible], quand il [illegible] [illegible] [illegible], [illegible] [illegible] les [illegible] [illegible]; la chair [illegible] [illegible] [illegible] [illegible] [illegible], on le [illegible] [illegible] [illegible] [illegible] [illegible] [illegible] [illegible] [illegible] le [illegible] de pain, [illegible] [illegible] [illegible] [illegible] [illegible] [illegible] pain [illegible] riz, [illegible] [illegible] [illegible] [illegible] riz, [illegible] [illegible] noix de coco, [illegible] [illegible] [illegible] [illegible] [illegible] [illegible] [illegible] [illegible] [illegible] d'Espagne [illegible]; on mange [illegible] [illegible] [illegible] [illegible] [illegible] de Châtaignes, on mange les [illegible] de [illegible]

d'autres mets: les pommes de terre bouillies, pour les [illegible]

avec des noix de coco rapées, on [illegible] pour

[illegible] l'extraction des couleurs [illegible] des [illegible]

volailles, qu'on [illegible] sur la table des personnes aisées, ont

[illegible] avec le [illegible] de 5 mets différens, dont nous allons indiquer

les noms et la préparation.

1° Les Couscous [illegible]. Ce sont des pollos coupés par tranches

très minces, qu'on fait bouillir dans l'eau avec du riz [illegible]

[illegible], jusqu'à ce qu'il devienne jaune; on y ajoute [illegible]

deux pintes de [illegible] poisson salé [illegible], avec une

dernière pinte de lait de coco, on fait encore bouillir le tout

pendant une demie heure en les remuant, on [illegible]

potage avec différentes viandes bouillies [illegible]

très agréable et même [illegible].

2° Le Cousi Seco, est différent du précédent en ce qu'on y

ajoute plusieurs épices [illegible] comme du coco

grillé au [illegible], de la cendre de poisson, des [illegible]

de la fleur de muscade, du sel, des petits morceaux de

[illegible] et du lait de coco; on mêle bien le tout

[illegible] bouillir pendant une demie heure [illegible]

sur le feu [illegible] bouillir [illegible]

l'eau; on y ajoute de l'oignon [illegible]

des [illegible], on [illegible] le poisson d'Espagne [illegible]

en [illegible] sur le feu, jusqu'à ce qu'il [illegible]

[illegible] d'une sorte de bouillie.

3° Les pollos [illegible], [illegible] avec des

pollos, ou de l'[illegible] coupés par tranches, avec [illegible]

noix de coco [illegible], du poivre d'Espagne, de l'oignon haché [illegible]

[illegible] et du sel, on fait bouillir [illegible] jusqu'à [illegible]

de bouillie.

4° Castaneas Cousous (Couscous de Châtaignes) [illegible]

[illegible] des pollos coupés par tranches longues et minces avec

des concombres, du poisson sec, de la [illegible] hachée, du lait

de coco, on fait bouillir [illegible] en les remuant.

5° Les [illegible] on ne peut [illegible] que le précédent

il n'en diffère qu'en ce que les pollos, ou l'[illegible] [illegible] coupés

en gros morceaux.

6° On les fait aussi griller par tranches avec du [illegible],

[illegible], on les [illegible] bouillir avec de la

[illegible] de la [illegible] de [illegible]

[illegible] hachée, de la [illegible] et [illegible], [illegible]

[illegible] des [illegible]

les [illegible]

7° Le [illegible] coupé avec les [illegible]

en 3 ou 4 morceaux et bouilli [illegible]

sel, [illegible] le [illegible]

qui le mangent [illegible]

[illegible] de la [illegible] de coco, [illegible]

plus [illegible], y ajouter [illegible] poisson salé.

8° Les pollos [illegible] que [illegible]

[illegible], on les coupe par tranches très minces, [illegible]

[illegible]

dans une petite friture de lait de coco et une peu de farine; les [illegible] bien jusqu'à ce [illegible] petits, on les fait frire dans l'huile de coco bien fraîche.

9°. l'*ampédao* [illegible] pour la [illegible] auquel on ajoute de l'oignon haché, des petits [illegible], de la [illegible], on fait bouillir le tout dans une [illegible] du lait de coco.

10°. pour les friandises de *patates* on fait bouillir les [illegible] [illegible] quand il [illegible] [illegible] de l'oignon, de la ciboulette, des poissons de la [illegible], des [illegible] [illegible] jaunes d'œufs. Le mélange [illegible] forme une pâte, qu'on [illegible] par boulettes, que l'on [illegible] [illegible] dans des blancs d'œufs [illegible] les fait frire [illegible] dans de l'huile de coco [illegible] [illegible] jusqu'à [illegible] [illegible] [illegible] jus de citron.

11°. les *glands* [illegible] on [illegible] les graines, [illegible] qui [illegible] les 2 ou 3 [illegible] graines; on [illegible] dans l'huile de coco, on les [illegible] frites, on les [illegible] l'huile [illegible] [illegible] quand elles [illegible] [illegible] bien [illegible] [illegible] [illegible] confiture [illegible] [illegible] [illegible] [illegible] [illegible] [illegible] les grains bien [illegible] les [illegible] quand on [illegible] sirop dans [illegible] [illegible]

12°. les *figues* [illegible] avec les graines [illegible] jaunes d'œufs, [illegible] de coco, [illegible] de l'huile [illegible] de coco. [illegible] dans de l'huile [illegible]

13°. les omelettes [illegible] mélange [illegible] de coco, de farine [illegible] jaunes d'œufs, qu'on [illegible] [illegible]

14. le *pai*, ou *jarabol* [illegible] qu'on [illegible] on les mange [illegible] [illegible] des [illegible] [illegible] de concombres, qu'on [illegible] [illegible] [illegible] vinaigre, on y ajoute des [illegible] d'oignons, [illegible] du gingembre [illegible] du sel bien broyé.

15°. on fait sécher aussi les fruits pour les manger, quand il n'y en a plus de frais; [illegible] [illegible] on les [illegible] [illegible] bien [illegible] [illegible] bien séché au soleil, on [illegible] l'attache à la cheminée, [illegible] pour [illegible] de l'année. [illegible] [illegible] [illegible] symptômes [illegible]

Dissertation

Sur les Clématites [illegible]

on distingue plusieurs sortes de Clématites, mais parmi les différentes espèces, nous n'en décrirons qu'une seule, comme [illegible] [illegible] [illegible] [illegible] [illegible] [illegible] [illegible] [illegible] XV. [illegible] [illegible] Clematis [illegible] [illegible] Clematis [illegible] l. 1. p. [illegible] [illegible] [illegible] [illegible] [illegible] [illegible] [illegible] [illegible] [illegible] [illegible] en 1761 [illegible] [illegible] 1778. [illegible] [illegible] [illegible] [illegible] feuilles [illegible] opposées [illegible] [illegible] [illegible] [illegible] [illegible] [illegible] [illegible] [illegible] [illegible] [illegible] les 2 [illegible] [illegible] [illegible] [illegible] [illegible] fleurs [illegible] pétales, [illegible] [illegible] [illegible] [illegible] [illegible] [illegible] [illegible] [illegible] [illegible] [illegible] [illegible] [illegible] [illegible] T. 1. pl. [illegible] [illegible] [illegible] [illegible] l'[illegible] [illegible] [illegible] [illegible] [illegible] [illegible] [illegible] [illegible] [illegible] [illegible] [illegible] [illegible] [illegible].

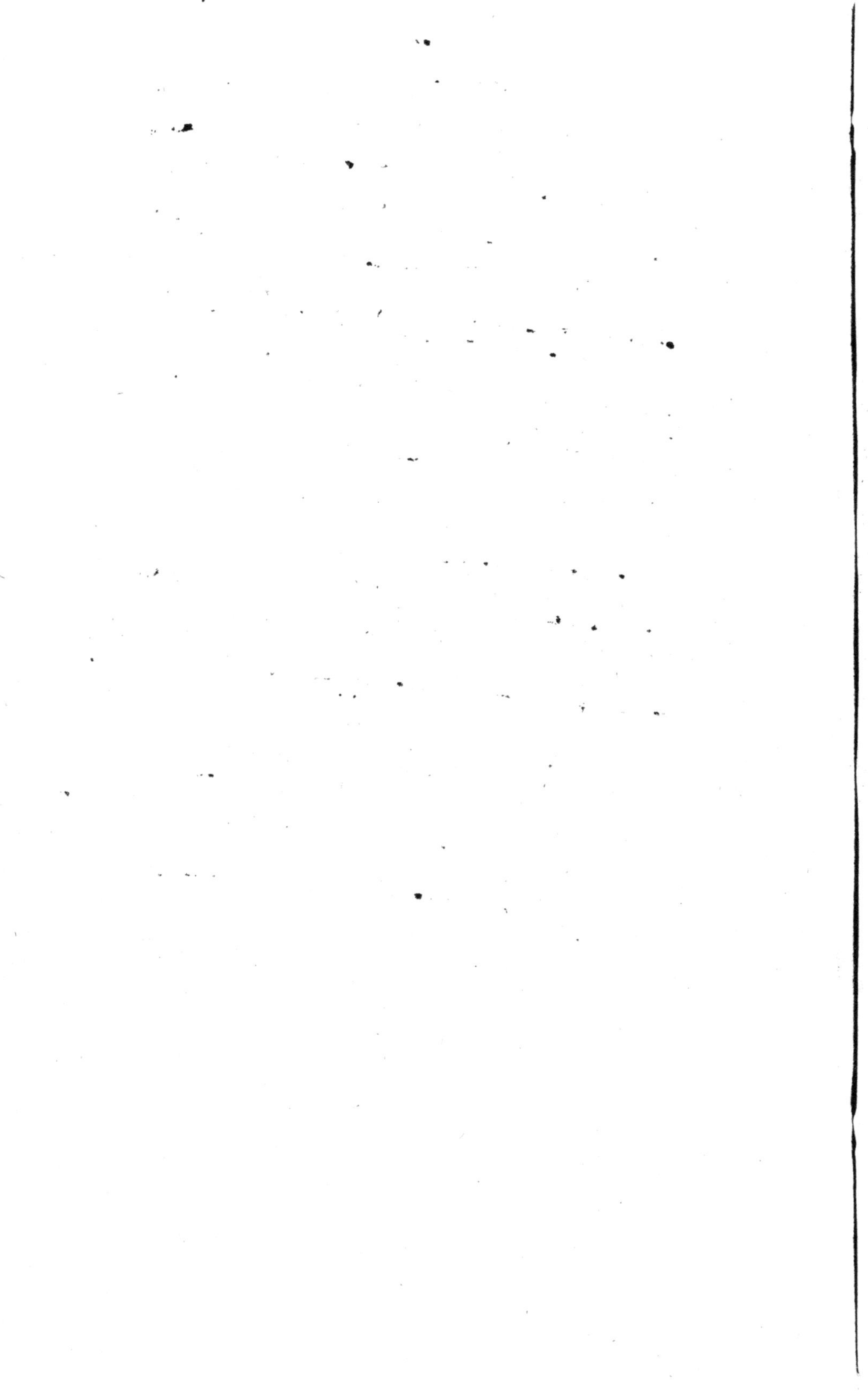

Observation.

Sur les polygales, ses différentes espèces [illegible] propriétés [illegible] polygales [illegible]

Les polygales [illegible] plantes, dont les racines [illegible] menues, ligneuses, [illegible], d'un goût [illegible]; elle pousse plusieurs tiges dures, menues, ligneuses, les unes droites, les autres couchées sur terre, d'un vert rougeâtre, longues d'environ un demi pied, garnies de plusieurs petites feuilles [illegible] [illegible] les unes [illegible] oblongues [illegible] [illegible] disposées [illegible] depuis le milieu des tiges jusqu'à leur [illegible] [illegible] divisées [illegible] [illegible] [illegible] [illegible] [illegible] [illegible] [illegible] [illegible] [illegible] polygala vulgaris [illegible] [illegible], polygala foliis linearibus lanceolatis, [illegible] 215. [illegible] 134. polygala [illegible], [illegible]. Lin. [illegible] 352. [illegible]

[illegible] mai, juin [illegible] [illegible] [illegible] [illegible] [illegible] [illegible] [illegible] [illegible] [illegible] [illegible] Ste Catherine, [illegible] [illegible] [illegible] [illegible] Montpellier [illegible].

[illegible] [illegible] [illegible] autres espèces de polygales [illegible] [illegible] [illegible] [illegible] [illegible] polygala [illegible] 1245, [illegible] [illegible] [illegible] [illegible] [illegible] [illegible] [illegible] [illegible] [illegible] [illegible] [illegible] [illegible] [illegible] [illegible] [illegible] [illegible] [illegible] [illegible].

[illegible]

La 2e qui [illegible] [illegible] [illegible] polygala vulgaris [illegible]. [illegible] 831. [illegible] [illegible], elle se trouve [illegible] [illegible] [illegible], Ste Catherine, [illegible] [illegible] [illegible].

La 3e autre variété se trouve aussi [illegible] [illegible] polygala vulgaris flore [illegible] [illegible] [illegible]. [illegible] [illegible] 161.

La 4e [illegible] polygala [illegible] [illegible]. polygala [illegible] [illegible] [illegible] [illegible] 246. [illegible] [illegible] abondante dans les prairies [illegible] [illegible] [illegible] [illegible] Beaumassin [illegible] Thalouet, [illegible] [illegible] [illegible] [illegible] de Montpellier, dans les [illegible] [illegible] [illegible] Tarrant, [illegible], [illegible].

La 5e espèce s'appelle polygala [illegible], polygala [illegible] [illegible]. polygala Buxi [illegible] minoris folio, flore [illegible]. [illegible] [illegible] sur le Butte [illegible] [illegible], [illegible] mai.

La 6e espèce [illegible] polygala [illegible], Buxi folio, flore [illegible] [illegible] [illegible] [illegible] [illegible] [illegible] [illegible] [illegible]

[illegible]

la 2.e ondulée [illegible] qui [illegible] de la grand [illegible]
a le polygala amarum, Bauh. folio [illegible] flore [illegible] purpureo [illegible]
opp. jar. du Roi. Burckel l'a trouvé en alsace.

On prétend que le polygala donne beaucoup de lait aux bestiaux
qui en mangent, d'où lui est venu le nom vulgaire d'herbe au lait
[illegible] cette plante [illegible], jusque en Amérique, [illegible] qui lui
a donné le nom d'[illegible] [illegible], [illegible]
[illegible] [illegible] [illegible] [illegible]
[illegible] et les [illegible] d'une pinte.

Suivant M. [illegible] l'usage [illegible] polygala [illegible] contre la
pleurésie, la péripneumonie, et les fluxions de poitrine. Son
[illegible] [illegible] les [illegible] [illegible] [illegible] [illegible],
[illegible] [illegible] les [illegible] [illegible] dans les pleurésies.

En 1738 M. Tennent médecin écossois envoya à l'Académie des
Sciences de Paris, des observations qu'il avait faites en Virginie sur
l'usage du polygala senega, par lesquelles il paraît qu'il l'a employé
avec succès pour la guérison des maladies inflammatoires de la
poitrine, [illegible] [illegible] [illegible] [illegible] [illegible] [illegible].
[illegible] [illegible] [illegible] [illegible], [illegible] Duhamel [illegible]
éprouvé, si le polygala vulgaris, qui se trouve communément dans les
[illegible], produiroit le même effet, les [illegible] [illegible] [illegible]
[illegible] [illegible], qu'il en fit, fut sur une jeune personne âgée
de 22 ou 23 ans, [illegible] [illegible] [illegible]
[illegible], [illegible] [illegible] [illegible]; malgré
[illegible] [illegible] saignées, qu'on lui fit, et les [illegible],
[illegible], elle ne [illegible] aucun soulagement [illegible] [illegible]
[illegible] [illegible] [illegible] polygala, [illegible]
par l'usage d'une tisane [illegible] la même plante, au 5.e jour
elle fut guérie.

La 2.e [illegible] [illegible] [illegible] [illegible] [illegible] [illegible]
[illegible] [illegible] [illegible] homme âgé de 25 ans, [illegible]
[illegible], [illegible] [illegible] [illegible], qui [illegible] [illegible]
[illegible], [illegible] par l'usage d'une tisane [illegible] [illegible]
[illegible] de 20 jours il fut [illegible] guéri. [illegible] [illegible]
a observé, que le polygala du pays, quoiqu'il ait la même
[illegible] que celui de Virginie, n'agit pas si efficacement, [illegible]
[illegible] [illegible] la [illegible] [illegible] [illegible] [illegible]
cette plante [illegible] [illegible] la pleurésie [illegible] péripneumonie, qui sont
des maladies [illegible] plus [illegible] en France, qu'elles y sont plus
fréquentes; [illegible] [illegible] que la même [illegible] [illegible]
[illegible] [illegible] [illegible] purgatif.

On donne cette plante pour [illegible] [illegible] [illegible]
[illegible] [illegible] [illegible] [illegible] [illegible] 6 livres
d'eau [illegible], [illegible] [illegible] [illegible]
[illegible] [illegible].

Crantz [illegible] que le polygala n'a pas été [illegible] [illegible]
les pleurésies, [illegible] [illegible] de cette plante [illegible]
[illegible] [illegible]. [illegible] [illegible] qu'il a réussi dans les pleurésies
[illegible] [illegible] de la décoction du polygala dans les maladies de
poitrine, comme la péripneumonie, dans les [illegible] [illegible]; dans les
toux [illegible] et les pleurésies accompagnées d'une [illegible].
[illegible] [illegible] [illegible], [illegible] [illegible] [illegible]
[illegible], [illegible] [illegible] [illegible], [illegible] [illegible]
[illegible]; [illegible] [illegible] [illegible], il [illegible] [illegible]

néanmoins dans le cas de skirre, ou lorsque les solides seront [illegible] tendus.

un allemand qui se servait fréquemment de polygala avait rendu [illegible] l'ordinaire [illegible] [illegible] [illegible] les mêmes qualités [illegible] [illegible] [illegible] les propriétés dans le [illegible] suivant:

[illegible] de la racine de polygala [illegible] [illegible], 3 onces, [illegible] [illegible] de la racine de polygala [illegible] faites les bouillir dans 3 chopines d'eau jusqu'à ce qu'il n'en reste qu'une chopine et demi[e], passez ensuite par un linge, ajoutez [illegible] [illegible] d'une décoction d'un sirop [illegible] [illegible] blanc, de chacun une once; cette quantité suffira pour 2 jours, le malade en prendra [illegible], un gobelet [illegible] 7 heures du matin et autant [illegible] 5 heures du soir, [illegible] pendant six semaines, 2 ou 3 mois, [illegible], lorsqu'il faut continuer [illegible] pendant [illegible] que le malade [illegible] [illegible] [illegible] [illegible] la pleurésie, [illegible] quelquefois dans les plus marqués, il [illegible] [illegible] dans les cas les plus désespérés, [illegible] 2e mois il continue [illegible] dans [illegible] [illegible] de polygala de la manière suivante:

prenez tous les matins [illegible] [illegible] de la racine de polygala [illegible] pulvérisée [illegible] [illegible] de chacun un scrupule, avalez [illegible] un gobelet de la décoction suivante: faites bouillir [illegible] 2 gros de la racine de polygala dans une livre [illegible] d'eau, [illegible] [illegible] [illegible] [illegible] [illegible], ajoutez [illegible] [illegible] [illegible] [illegible] plusieurs [illegible] [illegible] l'action du polygala [illegible] que [illegible] les plus grandes propriétés, que les plantes [illegible]

dans les affections [illegible] [illegible] [illegible] [illegible] [illegible] [illegible] [illegible] observations qui [illegible] l'efficacité de cette plante:

un jeune homme de 25 ans, après avoir [illegible] [illegible] pendant [illegible], [illegible] [illegible] [illegible] des crachats [illegible] [illegible] [illegible] [illegible] [illegible] douleurs dans [illegible] [illegible], [illegible] [illegible] [illegible] le côté [illegible] les deux [illegible], [illegible] [illegible] [illegible] [illegible], [illegible] [illegible] [illegible] [illegible] [illegible], [illegible] [illegible] [illegible] [illegible] [illegible] [illegible] [illegible] [illegible] [illegible] [illegible] [illegible] [illegible] [illegible] de polygala, il [illegible] [illegible] [illegible] le [illegible] [illegible] 1776, il [illegible] [illegible] [illegible] [illegible] [illegible] [illegible] [illegible] [illegible] [illegible] [illegible] [illegible] [illegible] [illegible] 24 du même mois il [illegible] [illegible] [illegible] [illegible] [illegible] [illegible] [illegible] [illegible] [illegible] [illegible] [illegible] [illegible] [illegible] [illegible] [illegible] [illegible] [illegible] [illegible] [illegible] 3 mois [illegible] [illegible] [illegible] le jeune homme [illegible] pendant plus de 3 mois [illegible] [illegible] [illegible] [illegible]

aujourd'hui (1778) [illegible] parfaitement rétabli.

[illegible] 2 mois [illegible] [illegible] [illegible] [illegible] [illegible] [illegible] [illegible] [illegible] [illegible] [illegible] [illegible] [illegible] [illegible] crachats [illegible] [illegible] [illegible] [illegible] [illegible]

[illegible] [illegible] [illegible] [illegible] [illegible] [illegible] [illegible] [illegible] [illegible] [illegible] [illegible] [illegible] de polygala [illegible] [illegible] [illegible] [illegible] [illegible] [illegible] [illegible] [illegible] [illegible] le sirop de [illegible]

Dissertation

Sur l'Acaena plante du Mexique

Les caractères des genres des plantes [illegible] le calice à 4 feuilles, la corolle à 4 pétales, [illegible] [illegible]; [illegible] sous le nom d'Acaena. [illegible] [illegible] espèce, [illegible] l'Acaena du Mexique. Acaena elongata. mutis. [illegible] [illegible] XIV. p. 162. Linn. mant. 200. [illegible] mutis. [illegible] [illegible] [illegible] [illegible] [illegible] [illegible] [illegible] [illegible] [illegible] [illegible] [illegible] [illegible] de 6 ou 7 pouces. [illegible] [illegible] des 2 [illegible] [illegible]; [illegible] de la 4e classe [illegible] [illegible]

Dissertation

Sur la [illegible]

Connue dans les Isles sous le nom de [illegible],

Sa [illegible] culture et ses propriétés médicinales

[illegible] ... des plantes [illegible] ... qui ... de la ... classe ... [illegible]

... XIV. 641. glycyrrh. foliis abrupte-pinnatis, pinnis numerosis obtusis. Linn. Flor. Zeyl. 284. Lin. Syst. 1228, phaseolus glycyrrhites folio alato, pisis coccineis, atra macula notatis. Sloane Jam. 70. [illegible] p. 180. [illegible] phaseolus arbor [illegible] ... volubilis major [illegible], fructu [illegible] ... pisum coccineum, hilo nigro notato. Pluk. Alm. 294. pisum coccineum ... Bauh. pin. 212. [illegible] ... Rumph. 5. p. 53. [illegible] 25. Linn. Cliff. 468. [illegible] ... glycyrrhiza indica vulgo. [illegible] Rheed. malab. 8. p. 7. glycyrrhiza indica siliquis ... pisis [illegible] 6. 434. glycyrrhiza ... coccineis, hilo nigro notatis. [illegible] 337. glycyrrhiza vel glycyrrhizae affinis arbor [illegible], floribus ... rubris [illegible], folio acuminato, siliquis [illegible] ... 2. p. 53. phaseolus [illegible] major, fructu coccineo macula nigra notato. [illegible] 211. phaseolus ruber abrus vocatus. Alp. aegypt. 40. phaseolus indicus ruber [illegible] 663. phaseolus indicus, vulgo falso paeonia indica vocatus. [illegible] 124. phaseolus [illegible] ruber, qui abrus alpino dictus. Bont. Jav. 136. phaseolus ruber abrus vocatus, minor [illegible], nigra macula notatus. [illegible] 323. [illegible] indicus abrus alpini dictus, fructu coccineo macula nigra notato. [illegible] 177. [illegible], fructu rubro macula nigra notato. [illegible] 338. pisum [illegible] ... rubro colore, una macula [illegible]

[illegible]

Orobus [illegible] [illegible] 272. pisum coccineum [illegible] [illegible], [illegible] [illegible] 516. [illegible] pisum americanum coccineum [illegible] [illegible] [illegible] [illegible]. [illegible] [illegible] 403. [illegible] [illegible]. [illegible] [illegible] [illegible] [illegible] [illegible] [illegible], [illegible] [illegible] [illegible] [illegible] [illegible] [illegible] [illegible] Malacca dans les Indes. [illegible] [illegible], [illegible] [illegible] [illegible] isles [illegible], [illegible] [illegible], [illegible]. [illegible], [illegible] [illegible] [illegible], [illegible] Bandas; tsjentsjai, [illegible] [illegible] zongzi, [illegible] [illegible] Paternoster-kruyd, en hollandois; american Bitter vetch with a scarlet flower marked with a black spot commonly called wild liquorice in the west-indies, [illegible], [illegible] [illegible] [illegible] [illegible].

Cette plante [illegible], [illegible] [illegible] [illegible] [illegible], qui [illegible] [illegible] longue, [illegible], [illegible] [illegible] [illegible] [illegible], il [illegible] [illegible] une tige ligneuse, [illegible] [illegible] [illegible] [illegible] [illegible], qui [illegible] [illegible] [illegible] [illegible]. Cette tige [illegible] [illegible] mais plutôt, on diroit qu'elle [illegible] [illegible] 2 tiges [illegible], [illegible] [illegible] [illegible] [illegible], [illegible] [illegible] [illegible] [illegible] [illegible] [illegible] [illegible] [illegible] [illegible] plusieurs rameaux, qui se subdivisent [illegible] [illegible] [illegible] plus petits, [illegible] [illegible] [illegible] [illegible] que la principale tige aux [illegible] [illegible] plantes qu'ils [illegible] [illegible], [illegible] [illegible] [illegible] le plus [illegible] [illegible]; les rameaux [illegible] [illegible] [illegible] [illegible], [illegible] [illegible] [illegible] [illegible] [illegible] [illegible] [illegible] [illegible] [illegible] [illegible] [illegible] [illegible] [illegible], [illegible] [illegible] [illegible] [illegible] [illegible], [illegible] [illegible] ovales, oblongues, [illegible], [illegible], [illegible], [illegible] [illegible] [illegible] [illegible] [illegible] [illegible], [illegible] [illegible] [illegible] [illegible] semblables [illegible] [illegible] [illegible] [illegible] [illegible] [illegible] [illegible], quand elles sont jeunes, [illegible] [illegible] [illegible], [illegible] [illegible] [illegible], quand elles sont vieilles, [illegible] [illegible] [illegible] [illegible] plus [illegible], quand [illegible] [illegible] [illegible] [illegible] [illegible] [illegible] parallelogramme; [illegible] [illegible] [illegible] [illegible] [illegible] du soleil, elles [illegible] [illegible] particulier, que le matin au lever du soleil, elles [illegible] [illegible], [illegible] le plus [illegible] [illegible]; à midy elles [illegible] [illegible], [illegible] [illegible] [illegible] [illegible] [illegible], [illegible] [illegible] [illegible] [illegible] [illegible] [illegible] petites [illegible] [illegible], [illegible] [illegible] [illegible] [illegible] [illegible] [illegible] [illegible] [illegible] [illegible] [illegible] [illegible] quelques [illegible] [illegible] elles se [illegible] [illegible] [illegible], le [illegible] [illegible] plus, [illegible] [illegible] [illegible] [illegible], [illegible] [illegible] [illegible] [illegible] [illegible] [illegible] [illegible] [illegible] [illegible] [illegible] [illegible] [illegible] [illegible] [illegible], [illegible] [illegible] [illegible] [illegible], [illegible] [illegible] [illegible] [illegible] [illegible] [illegible] [illegible] [illegible], [illegible] [illegible] [illegible] [illegible] [illegible] [illegible], [illegible] [illegible] [illegible] [illegible] [illegible] [illegible] soleil, [illegible] quand elles sont vieilles, [illegible] [illegible] [illegible] [illegible] [illegible] [illegible], [illegible] [illegible] [illegible] [illegible] qu'elle [illegible] [illegible] [illegible] [illegible] [illegible] [illegible] [illegible] [illegible] [illegible] [illegible] [illegible] [illegible] [illegible] [illegible] feuilles [illegible] [illegible], [illegible] plusieurs, [illegible] [illegible] [illegible] [illegible] [illegible] [illegible] [illegible]. [illegible] [illegible] [illegible] qu'elles [illegible] [illegible] [illegible] [illegible], [illegible] [illegible] [illegible] [illegible] [illegible] [illegible] [illegible] [illegible] [illegible] [illegible] [illegible] [illegible] [illegible], [illegible] [illegible] [illegible] [illegible], qui [illegible] [illegible] [illegible] [illegible], [illegible] [illegible] [illegible] [illegible] [illegible] [illegible] [illegible] [illegible] les plantes, [illegible] [illegible] [illegible] [illegible] [illegible] [illegible] [illegible] [illegible] [illegible] [illegible] [illegible] [illegible] plusieurs [illegible], que le petiole, qui [illegible], [illegible] [illegible] [illegible] [illegible] [illegible]

[illegible] [illegible] [illegible]

disposées en épis ou papilionacées, d'une [illegible] [illegible] [illegible] semblables pour la forme à celles des [illegible]. Chaque fleur a un calice d'une seule pièce [illegible] [illegible], dont les parties [illegible] supérieures [illegible] les plus larges; les ailes [illegible], [illegible] [illegible] celles de toutes les papilionacées d'une [illegible], [illegible] [illegible] d'une [illegible], [illegible] [illegible] [illegible] [illegible] [illegible] [illegible] [illegible] [illegible] [illegible] [illegible], [illegible] [illegible] [illegible] [illegible] [illegible] [illegible] [illegible] [illegible]; le pistil [illegible] [illegible] [illegible], un style cylindrique en forme de [illegible] [illegible] stigmate [illegible], les [illegible] [illegible] [illegible] [illegible] [illegible] [illegible] [illegible] [illegible] [illegible] légumineuses, [illegible] [illegible] [illegible], quand elles [illegible], [illegible] [illegible], [illegible], [illegible] les semences, [illegible] [illegible], [illegible] [illegible], [illegible], [illegible] [illegible] [illegible] [illegible], [illegible] [illegible] [illegible] [illegible] [illegible] [illegible] [illegible] [illegible] [illegible] [illegible] [illegible] [illegible] [illegible] [illegible] [illegible] [illegible] [illegible] [illegible] [illegible], [illegible] [illegible] [illegible], [illegible] [illegible] [illegible] [illegible] [illegible] [illegible] [illegible] [illegible] [illegible] [illegible] les semences [illegible] [illegible] [illegible], [illegible] [illegible] [illegible] [illegible] [illegible] [illegible] [illegible]; [illegible] [illegible], [illegible] [illegible] [illegible] [illegible] [illegible] [illegible] [illegible] [illegible]; quand [illegible] [illegible] [illegible] [illegible] [illegible] [illegible] [illegible] [illegible] [illegible] [illegible] [illegible] [illegible] [illegible], [illegible] [illegible] [illegible] [illegible] [illegible] [illegible] [illegible].

[illegible] [illegible] [illegible] [illegible] dans l'[illegible], [illegible] la [illegible] les [illegible] [illegible] [illegible] [illegible] [illegible] [illegible] [illegible] par Sloane T. 1 pl. 112 dans l'ouvrage [illegible] [illegible] [illegible] par [illegible] pl. 214, dans le 5e volume de l'[illegible] par [illegible] pl. 22. Dans les plantes [illegible] par [illegible] [illegible] pl. 39 [illegible] pl. 40. Dans le jardin de [illegible] pl. 2. pag. 565; [illegible] [illegible] [illegible] l'[illegible] des plantes [illegible] pl. 2. pag. [illegible] [illegible] [illegible] [illegible] [illegible] [illegible] [illegible] [illegible] [illegible] [illegible] [illegible] [illegible] [illegible] [illegible] [illegible] [illegible] [illegible], [illegible] [illegible] [illegible] [illegible] jusque dans le [illegible] [illegible], [illegible] [illegible] [illegible] [illegible] [illegible] dans l'[illegible] [illegible], [illegible] [illegible] [illegible] [illegible] [illegible] [illegible] [illegible] [illegible] [illegible] [illegible] [illegible] [illegible] [illegible] [illegible] [illegible], [illegible] [illegible] [illegible] [illegible] [illegible] [illegible] les îles [illegible], [illegible] [illegible] [illegible] [illegible], dans la [illegible] [illegible] [illegible] [illegible] [illegible] [illegible], [illegible] [illegible], dans [illegible] [illegible] [illegible] [illegible] [illegible] [illegible].

[illegible] [illegible] [illegible].

[illegible] [illegible] [illegible] [illegible] [illegible] [illegible] [illegible] dans la [illegible] [illegible] [illegible] [illegible] [illegible] [illegible] [illegible] dans les [illegible] [illegible] des pays chauds [illegible] [illegible] [illegible] [illegible] la [illegible] [illegible], [illegible] [illegible] [illegible] [illegible] [illegible] [illegible] [illegible], [illegible] [illegible] les semences [illegible] [illegible] [illegible] [illegible] [illegible] [illegible] [illegible] [illegible] [illegible] de [illegible], [illegible] [illegible] [illegible] [illegible] [illegible] [illegible] [illegible] [illegible] [illegible] [illegible] [illegible] [illegible] 14 jours dans l'[illegible], [illegible], lorsque les plantes [illegible] [illegible] [illegible] [illegible] [illegible] [illegible] [illegible] [illegible] [illegible] [illegible] 2 pouces, [illegible] les transplante séparément dans des pots remplis de terreau, [illegible], [illegible], [illegible] [illegible] [illegible] [illegible] [illegible] [illegible] [illegible] [illegible] [illegible] [illegible] [illegible] [illegible] [illegible] [illegible], [illegible] [illegible] [illegible] [illegible] [illegible] [illegible] [illegible] [illegible] [illegible] [illegible] [illegible] [illegible].

[illegible] [illegible] [illegible] [illegible] [illegible] [illegible] [illegible] [illegible] [illegible] [illegible] [illegible] [illegible] [illegible] les semences [illegible] [illegible] [illegible] [illegible] [illegible] [illegible], [illegible] [illegible] [illegible] [illegible] la [illegible], [illegible] [illegible] [illegible] [illegible], [illegible], [illegible] [illegible] [illegible] [illegible] [illegible] [illegible], [illegible] [illegible] [illegible] [illegible]

[illegible]

[illegible] toujours une partie de leur [illegible], lorsqu'on les rend d'une digestion difficile, elles ont [illegible] par [illegible] personnes sujettes [illegible] hypocondriaques, [illegible] [illegible], ou des [illegible], la [illegible] des [illegible] ment les [illegible], au [illegible] des [illegible] ou des bouillons.

On emploie en [illegible] les follicules [illegible] des [illegible] la [illegible] de la [illegible] [illegible]; on les [illegible] qualifiée [illegible] des [illegible] les follicules [illegible] la maladie, on [illegible] pour [illegible] les follicules [illegible] [illegible] dans une [illegible] de l'eau bouillante [illegible] [illegible] plus grande [illegible] [illegible] les follicules [illegible] [illegible] [illegible], il ajoute [illegible] [illegible] plusieurs jours de suite, elles occasionnent [illegible] [illegible] qui [illegible] les follicules [illegible] [illegible].

[illegible] les [illegible] [illegible] les follicules [illegible] [illegible] [illegible] les [illegible] plantes [illegible] [illegible] [illegible] les follicules [illegible] plantes [illegible] bouillon [illegible] [illegible] [illegible] [illegible] [illegible].

[illegible] [illegible].

Dissertation

sur l'Abrome [illegible]

par [illegible]

pour [illegible]

[illegible]

Le Caractère de ce genre [illegible] une Corolle de 5 Pétales, [illegible] de 5 [illegible] [illegible] il [illegible] de la 18e Classe [illegible] de cette Classe, [illegible] jointes aux 5 [illegible] l'abrome [illegible]. abroma augusta, Linn. Syst. Veg. Edit. XIV. p. 5[illegible] Suppl. pag 341. Theobroma augusta. Sp. [illegible] XIII. p. 540. [illegible] abroma fastuosum. Jacq. hort. V. 3. p. 3.

§. 1.

[illegible]

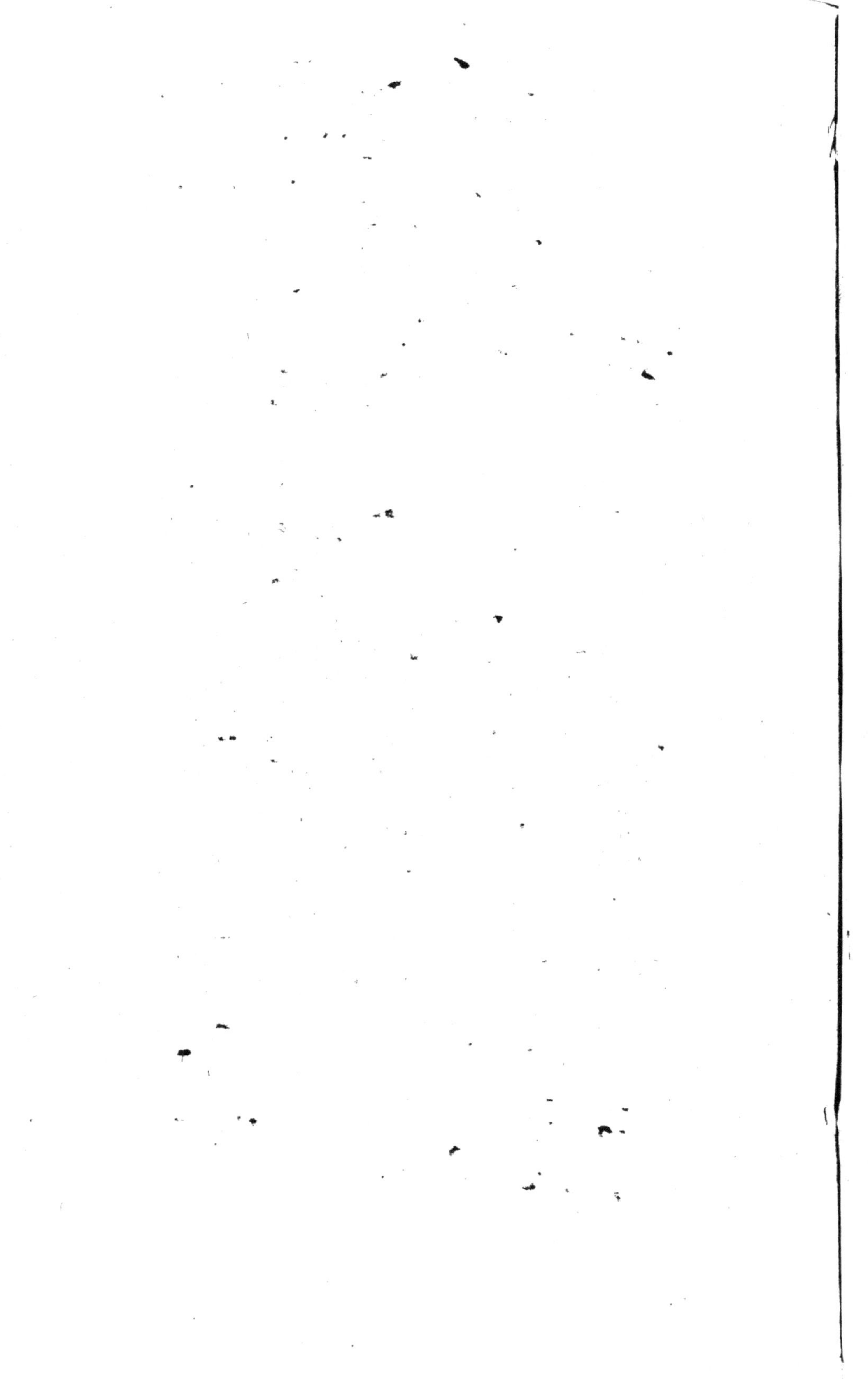

[illegible]

Sur les gardenia [illegible] les différentes espèces de ce genre [illegible] par M. Thunberg.

Les caractères de ce genre de plantes [illegible] le premier lieu le calyce monophylle, à 5 angles, partagé en 5 lobes [illegible], [illegible], [illegible] [illegible], la corolle monopétale, [illegible], le tube [illegible] cylindrique, plus long que le calice, le limbe [illegible] partagé en 5 lobes ovales, [illegible] la longueur du tube, [illegible] [illegible] plus [illegible], il n'y a point de filamens. Les anthères [illegible] [illegible] [illegible] au nombre de cinq [illegible], des [illegible] du [illegible] du limbe [illegible], le germe [illegible] [illegible], [illegible] [illegible] la longueur du tube, [illegible] le style [illegible], [illegible] [illegible] par un stigmate à 2 lobes, ovale [illegible] [illegible], le péricarpe [illegible] [illegible] [illegible] à 2 loges, les semences [illegible] [illegible] [illegible] [illegible] [illegible] [illegible]. Il [illegible] [illegible] [illegible] [illegible] la 5e classe [illegible], qui [illegible] les plantes [illegible] [illegible] monogynes. [illegible] Dans le 14e [illegible] [illegible] [illegible] [illegible] [illegible] [illegible] [illegible] du [illegible] voyage de [illegible].

1 espèce

Le 1er ou le gardenia [illegible] [illegible] gardenia [illegible] gardenia [illegible] corollis [illegible], calycibus angulatis, foliis [illegible] [illegible] [illegible] Vol. XIV. p. 251. gardenia [illegible] [illegible] [illegible] Thunb. Dissert. de gardenia n. 1 [illegible] [illegible] Kaempf. amoen. [illegible] fasc. V. p. 808 [illegible]. Kutsjinas [illegible] Sansisi misakitjinasi ou Kutsjinas, [illegible] en japonais [illegible] représentée dans la Flora japonica pl. 20. [illegible] [illegible] dans ces plantes nouvelles de gardenia, par Thunberg pl. 1. fig. 1. [illegible] pl. 48. fig. 2. [illegible] [illegible] [illegible] [illegible] [illegible] [illegible] [illegible] [illegible] [illegible], [illegible] [illegible] [illegible] [illegible], [illegible], [illegible] [illegible] [illegible] [illegible], [illegible] [illegible] [illegible] [illegible] [illegible], [illegible], [illegible], les [illegible] [illegible] [illegible] [illegible], [illegible], [illegible], [illegible], [illegible], [illegible], [illegible], les [illegible] [illegible], [illegible], [illegible], les [illegible] [illegible], [illegible], [illegible], la corolle [illegible] [illegible] [illegible], [illegible], partagée en 6 lobes [illegible], [illegible], [illegible] plus [illegible] que le tube, [illegible], [illegible] [illegible] [illegible] [illegible] [illegible] [illegible] [illegible] plus [illegible] [illegible] [illegible] [illegible], [illegible], [illegible], [illegible] [illegible] [illegible] [illegible] [illegible].

La 2e espèce ou le gardenia florida, gardenia florida. gardenia [illegible], corollis [illegible], calycis angulatis, foliis [illegible] [illegible] [illegible] Vol. XIV. [illegible] p. 251. Thunberg Dissert. de gardenia

De gardenia n°. 2. gardenia florida [illegible] XIII. p. 208.
Suppl. p. 163. jasminum ramo unifloro pleno, paralis [illegible]. [illegible]
[illegible] T. 15. [illegible] act. nat. curios. 1761. p. 338. jasminum [illegible]
foliis lanceolatis, oppositis, integerrimis, calycibus [illegible]. [illegible]
jam. Cost japide. kaempf. amb. 7. [illegible] japonois [illegible]
Kutsjinas. Kaempf. am. exot. fasc. V. p. 808.

Cette espèce [illegible] dans les jardins, elle [illegible] de [illegible]
dans les jardins des grands [illegible] [illegible] [illegible]
l'élégance de ses fleurs, [illegible] les fleurs [illegible] les plus belles
de toutes celles qu'on cultive dans les serres, elles [illegible]
semblable de [illegible] l'Narci [illegible] [illegible] [illegible]
que Burmann nommé dans son Thesaurus Zeylanicus: jasminum
Zeylanicum, folio oblongo, flore pleno, albo, odoratissimo. [illegible]

[illegible]
[illegible], [illegible], [illegible] glabres, [illegible]
[illegible]. les rameaux [illegible] opposés, [illegible]. les
feuilles [illegible] opposées, sessiles, ovales, pointues, [illegible], glabres, [illegible]
longs d'un pouce, longues de [illegible], les [illegible]
avec [illegible], ovales, [illegible], [illegible]. les fleurs [illegible]
[illegible] des petits rameaux, solitaires, sessiles, le calice
anguleux, glabre, partagé [illegible] 5 ou 6 lobes [illegible], [illegible]
[illegible], [illegible], [illegible], [illegible], deux fois plus [illegible]
[illegible] le [illegible] de neige, [illegible], le tube
les tubes. la corolle [illegible] [illegible] [illegible]
[illegible] cylindrique, long d'un pouce, le [illegible]
6 lobes ovales, obtus, planes, long d'un pouce, [illegible]
oblongues, [illegible] des calices, [illegible] anguleux, [illegible]
[illegible] 6 [illegible], [illegible] longues d'un pouce, les [illegible]
[illegible], [illegible] [illegible], [illegible] pleins, ordinairement
[illegible] 6 anthères, [illegible] calice divisé [illegible] 6 lobes, [illegible]
Corolle partagée [illegible] six [illegible] hexagone.
[illegible] dans les plantes peintes d'Ehret, pl. 15. la
[illegible] dans les [illegible] [illegible]
[illegible] 1761. pl. [illegible]. Dans [illegible]
[illegible] [illegible] [illegible] [illegible] T. [illegible]
[illegible] [illegible] [illegible] [illegible] les [illegible]
il [illegible] [illegible] [illegible] plus délicates, qui [illegible]
précautions qu'on prend pour les plantes [illegible]
[illegible] du pays [illegible], il [illegible]
[illegible], si [illegible] fleurir, elle [illegible]
[illegible] [illegible] [illegible] les [illegible]
[illegible] dans les jardins.

La 3e espèce [illegible] gardenia de Thunberg. [illegible] gardenia thunbergia. gardenia [illegible], corollis [illegible], calycibus angulatis, foliis [illegible]. [illegible] XIV. [illegible]. 281. Thunberg [illegible] des gardenia. n°. 3. Thunbergia [illegible] quoad [illegible] [illegible] act. Stockholm 1773. p. 285. gardenia Thunbergia.
Suppl. p. 162.

[illegible] glabres, [illegible]. [illegible] rameaux [illegible], cylindriques, [illegible] [illegible] [illegible], glabres, [illegible], [illegible]. [illegible] [illegible] [illegible], [illegible]
[illegible], [illegible]

pétiolés, pointus [illegible], [illegible], ondulés, [illegible]

nervures, [illegible], plus longues que les [illegible], longues de

2 pouces [illegible] ondulées. les pétioles [illegible]

[illegible], glabres, les stipules [illegible]

[illegible]

Le 4e espèce est le gardenia qui donne [illegible]. gardenia gummifera. gardenia [illegible] [illegible] obtusis, [illegible], oblongis obtusis. [illegible] XIV. [illegible] 254. Thunberg [illegible] du gardenia, n.° 4. gardenia gummifera. Suppl. 164. [illegible]

[illegible] Thunberg pl. 2. fig. 1 et 2 [illegible] pl. 48. [illegible] Cette espèce [illegible] les feuilles oblongues, obtuses, [illegible], [illegible]

[illegible] la 2.e espèce, plus [illegible] [illegible]

La 5e espèce est le gardenia [illegible], gardenia mussaenda, gardenia [illegible], Caulis [illegible], Calyce [illegible], foliis [illegible] [illegible]. Dict. XIV. [illegible] 252. Thunberg dissert. de gardenia n° 15. Mussaenda [illegible]. [illegible] Dict. XII. p. 192 [illegible] p. 38. gardenia mussaenda. Suppl. p. 163. Cette espèce [illegible] de 4 ou 6 [illegible] pl. 47, [illegible] [illegible] [illegible] [illegible] [illegible] [illegible] [illegible] [illegible]

[illegible]

La 6e espèce est le gardenia rothmannia. gardenia rothmannia [illegible] Caulis [illegible], Calyce [illegible], foliis [illegible]. [illegible] Dict. XIV. [illegible] Thunberg dissert. de gardenia n° 6. rothmannia capensis Thunb. [illegible] ed. Stockholm 1776. p. 65. gardenia rothmannia. Suppl. p. 165. Cette espèce [illegible] [illegible] [illegible] [illegible] [illegible] [illegible] [illegible] [illegible] [illegible] [illegible] [illegible] [illegible] [illegible] [illegible] [illegible] [illegible] [illegible] [illegible] [illegible] Stockholm [illegible] 1776. pl. [illegible]

La 7e est le gardenia spinosa. gardenia spinosa, gardenia [illegible] [illegible] [illegible] [illegible] [illegible] [illegible] Dict. XIV. p. 252. Thunberg dissert. de gardenia n° [illegible] Suppl. p. 164. Cette espèce [illegible] [illegible] gardenia spinosa, [illegible] s'étendant, longues d'un pouce; les feuilles ~~sortent~~ [sortent] des Bourgeons, au dessous des épines au nombre [illegible]; elles sont sessiles, ovales, obtuses, entières, glabres, s'étendant, inégales, longues d'un pouce, les stipules sont [illegible], menues; les fleurs sont solitaires, axillaires, sessiles [illegible] le calice est campanulé, les [illegible] plus court que la corolle, partagé en cinq lobes [illegible], ovales, obtus, qui s'étendent; la corolle [illegible] d'ouverture, blanchâtre, la [illegible] partagée en [illegible] lobes ovales, obtus, [illegible], qui s'étendent; les anthères sont au nombre de cinq, le style [illegible], de la longueur de [illegible] tube, les stigmates [illegible] de la [illegible], [illegible] Gardenia [illegible] [illegible], [illegible] sur la [illegible] pl. 20 fig. 4. dans ses plantes [illegible] Thunberg [illegible] pl. 46. [illegible] [illegible] pl. 46. [illegible] [illegible] l'auteur P. 2 pl...

La 8e espèce est la gardenia épineuse, à fleurs sessiles glabres. gardenia micrantha. gardenia spinosa, floribus sessilibus glabris. linn. Syst. veg. édition XIV. murray. p. 252. Thunberg [illegible] gardenia n. 8. les tiges de [illegible] arbrisseau, rameuses, les rameaux sont cylindriques, [illegible], un peu [illegible], épineux; les [illegible] rameaux sont axillaires, [illegible], épineux; les petits rameaux [illegible] opposés, aigus, droits, s'étendant, [illegible]; les [illegible], opposées, aiguës, droites, s'étendant, [illegible] axillaires, [illegible] pétiole [illegible] d'une ligne; les fleurs sont [illegible] au nombre de deux ou trois, sessiles, de la grandeur d'un grain de riz, plus [illegible] le calice [illegible] [illegible], glabre, beaucoup plus [illegible] le calice [illegible], en 5 dents, glabre [illegible], partagée en 5 lobes [illegible] que la corolle, [illegible] campanulée, [illegible] ovales, aigus, [illegible]; les anthères sont au nombre de cinq, le style [illegible], blanc, de la longueur de la corolle; le stigmate [illegible]; [illegible] la [illegible] Chine [illegible], elle [illegible] pour l'[illegible] [illegible] la [illegible], [illegible] gardenia [illegible] l'[illegible]; [illegible] 47 planches de ses plantes [illegible] pl. 1. fig. 2. [illegible] 47 [illegible]

La [illegible] espèce est la gardenia grimpante. gardenia spinosa [illegible] gardenia spinosa, floribus pedunculatis [illegible] Syst. veg. [illegible] XIV. murray 252. Thunberg [illegible] des gardenia, n. [illegible] [illegible] les tiges [illegible] arbrisseau; les rameaux sont cylindriques, [illegible], épineux, grimpants, les épines [illegible] glabres, [illegible], épineux, grimpants, les épines sont au dessous de [illegible] opposées, [illegible] [illegible], [illegible] les feuilles [illegible] opposées, [illegible], [illegible] des Bourgeons, rassemblées ensemble au dessous des épines, elles sont pétiolées, ovales, [illegible] peu obtuses, entières, glabres, [illegible], s'étendant, inégales, [illegible]; les pétioles sont [illegible] [illegible]; les fleurs sont axillaires, solitaires, pédonculées; stipules [illegible]; le pédoncule [illegible], [illegible] glabre [illegible] le calice est campanulé, glabre, 4 fois plus [illegible] [illegible]; le calice est campanulé, glabre, [illegible], le tube de la corolle, partagé en 5 [illegible] lobes [illegible], [illegible]; le tube de la corolle [illegible], blanche, glabre, le tube [illegible] [illegible]

ou cylindriques, droits, [illegible]; le style un peu plus long que
les [illegible], qui s'ouvrent [illegible] autant que nombre de loges;
le style [illegible] filiforme, de la longueur des tubes, le stigmate [illegible]
[illegible] des fleurs, [illegible] [illegible] des [illegible] dans les [illegible]
[illegible] [illegible] dans les différentes de l'herbier.
Jard. les jardins [illegible] 2 fig. 5 [illegible] plante [illegible] pl. [illegible].

Dissertation

sur les fothergilla, [illegible] nouveau

en l'honneur de M. [illegible] fothergill médecin célèbre

à Londres.

Les fothergilla sont un petit arbuste, qui n'a été découvert que depuis peu, et qui n'avoit point encore été décrit, ni figuré, si ce n'est dans notre histoire universelle du règne végétal [illegible] pl. fig. 1. mais la figure n'en a [illegible], nous l'avons fait [illegible] dans notre grand jardin de l'univers T. 1. pl. [illegible]. Ce nouveau genre a été cultivé pour la 1re fois dans le jardin de [illegible]. le Sr [illegible] jardinier de ce monarque, [illegible] le nom de fothergilla, en l'honneur de M. fothergill célèbre médecin à Londres, il [illegible] envoyé en 1772 un petit plant au jardin du [illegible], pour nous l'avions fait [illegible] mais il n'a [illegible] dans le jardin, [illegible] fort longtemps, [illegible] fothergilla gardeni, [illegible] fothergilla alnifolia [illegible] fothergilla [illegible] fothergilla [illegible]

[illegible]

[illegible]

Mars, au nord, un ou deux ans après [illegible] où les arbres avec les [illegible] roulés par le vent, pour les planter [illegible] [illegible] dans le [illegible] [illegible] dans le jardin d'été, les [illegible].

Dissertation

Sur le Dais et ses différentes

espèces.

Les caractères de ce genre [illegible] l'involucre de [illegible] 4 folioles [illegible], droites, [illegible] pédicellées, la corolle monopétale, infundibuliforme [illegible] plus longue que l'involucre, le tube [illegible] filiforme, [illegible] le limbe [illegible] partagé en 5 lobes lancéolés, obtus; les étamines [illegible] nombre de dix, insérées à l'entrée du tube, plus courtes que le limbe; les anthères [illegible] plus courtes, [illegible] simples, le style [illegible] [illegible] stigmate globuleux, [illegible] [illegible] qui [illegible] le genre [illegible] monogynie, [illegible] [illegible] les plantes [illegible],

2 espèces

La 1re [illegible] Dais [illegible] feuilles de fusain, Dais cotinifolia. Linn. Sp. pl. 556. [illegible] [illegible] 4 [illegible] 5 pieds, [illegible] [illegible] [illegible] cylindriques, [illegible] [illegible] [illegible] les feuilles sont opposées, [illegible] [illegible] [illegible]. Ses fleurs sont [illegible] très entières, glabres, [illegible]. [illegible] terminales, [illegible], longues [illegible]. [illegible] dans nos [illegible] Dais [illegible] Lamarck [illegible] [illegible]. 1. pl. 43. elle [illegible] [illegible] [illegible] qui [illegible] [illegible] [illegible] [illegible] [illegible] agréable [illegible]

[illegible] Dais [illegible] Dais la 2de espèce [illegible] Dais [illegible] glabres. [illegible] [illegible] XIII. [illegible] 336 floribus quadrifidis octandris. [illegible] [illegible]. [illegible] les feuilles [illegible] [illegible] [illegible] elliptiques, oblongues, pointues, lisses: [illegible] plus courtes que les fleurs, [illegible] [illegible] terminales, pédonculées, [illegible] [illegible] 4, [illegible] [illegible] [illegible] les étamines sont [illegible] [illegible] plus longues que la corolle qui [illegible] Burmann pl. 33. fig. 2 [illegible] représentée dans les [illegible] [illegible] dans l'Inde.

[illegible] trois autres, qui sont distinctes [illegible] ajoutées [illegible] 2 espèces, [illegible] [illegible] [illegible] premières par leurs feuilles opposées, [illegible] alternes [illegible] [illegible] [illegible] [illegible] pour les feuilles des autres [illegible] [illegible] [illegible] Dais de [illegible] la 3e espèce [illegible] [illegible] Dais madagascariensis Dais foliis alternis [illegible] [illegible] [illegible] axillaribus, floribus [illegible]. [illegible] [illegible] [illegible] glabres [illegible] [illegible] [illegible] [illegible] partie [illegible] [illegible] partie supérieure, [illegible] [illegible] [illegible] les feuilles sont [illegible], [illegible] [illegible] entières, [illegible] [illegible] [illegible] [illegible] [illegible] [illegible] [illegible] [illegible] deux côtés [illegible] [illegible] [illegible] mais les plus jeunes sont [illegible] axillaires [illegible] [illegible] [illegible] [illegible] [illegible]

Solitaires, longs d'un pouce ou davantage, au premier chaque part un bouquet de fleurs [illegible] umbelliferes, mais d'une [illegible] de 4 ou 5 folioles [illegible], quinquefides [illegible] 10 ou 15 à chaque umbelle. Commerson [illegible] n° 2 Commerson, [illegible] l'isle de Madagascar et [illegible] de l'herbier de Commerson.

La 4e espece qui [illegible] partie de l'herbier de Commerson, [illegible], qui [illegible] du premier, [illegible] par ses feuilles [illegible] plus petites, [illegible] particulier[illegible] [illegible], et par ses fleurs qui [illegible] plus petites, [illegible] [illegible], leurs umbelles [illegible] par des pedoncules, qui [illegible] longs de 12 ou 15 lignes. Commerson [illegible] dans l'isle de Madagascar, n° [illegible] Commerson [illegible] foliis [illegible] pedunculis [illegible]

Buplevrum umbellifolia floribus quinquefidis.

La 5e espece [illegible] Commerson, est celle qu'il nomme dans ses feuilles [illegible], [illegible] foliis lanceolatis glabris umbellis pedunculatis octophyllis [illegible] floribus quinquefidis. [illegible] Supplementum [illegible] [illegible] nombre de [illegible] [illegible] foliis [illegible] lanceolatis glabris, floribus [illegible] [illegible], pedunculo nudo. Suppl. 224. nous [illegible] cette plante, lorsque nous [illegible] [illegible], elle [illegible] [illegible] Commerson, n° de Commerson

[illegible]

Sur de nouvelles espèces de polypiers [illegible]

[illegible]

[illegible]

[illegible]

[illegible]

[illegible]

[illegible]

[illegible]

[illegible]

les fleurs se montrent à l'extrémité des tiges [illegible] et formant épi; [illegible] d'une [illegible], de la longueur de 2 pouces ou plus [illegible] de pied; [illegible] des bractées, elles [illegible] [illegible] [illegible] calice [illegible] [illegible] [illegible] [illegible] calices [illegible] [illegible] [illegible] 4 [illegible] [illegible] [illegible] longues de 2 lignes, [illegible] [illegible] [illegible] [illegible] [illegible] [illegible] les calices, [illegible] des fleurs.

[illegible] M. Sparrmann [illegible] [illegible] [illegible] [illegible] [illegible] [illegible] [illegible] [illegible] [illegible] des protea [illegible] [illegible] [illegible] [illegible] [illegible] [illegible] [illegible] [illegible] [illegible] [illegible] [illegible] les botaniques [illegible] [illegible] [illegible] [illegible] 14e édition [illegible] [illegible] [illegible] [illegible] [illegible] [illegible] [illegible] protea [illegible] [illegible] [illegible] foliis [illegible] [illegible] [illegible] [illegible] 137. [illegible] [illegible] [illegible] [illegible] [illegible] [illegible] [illegible] [illegible] [illegible] [illegible] [illegible] Stockholm année 1777. [illegible] pl. 2 [illegible] nouvelles découvertes pl. 2.

[illegible] [illegible] Thunberg [illegible] [illegible] [illegible] [illegible] [illegible] [illegible] [illegible] [illegible] [illegible] Sonnerat [illegible] [illegible] protea florida. protea Thunberg; le protea [illegible]. protea florida. [illegible] [illegible] capitulis [illegible] foliis trifidis filiformibus [illegible] [illegible] XIV. [illegible] 136 Bracteis [illegible] [illegible] [illegible] protea. n° 2. [illegible] plante, [illegible] Thunberg [illegible] [illegible] protea. [illegible] [illegible] cylindrique, [illegible] [illegible] les calices, [illegible] des fleurs [illegible] [illegible] [illegible] [illegible] [illegible] [illegible] [illegible] [illegible] [illegible] [illegible] [illegible] [illegible] [illegible] [illegible] [illegible] [illegible] les bractées [illegible] plante [illegible] [illegible] [illegible] [illegible] [illegible] [illegible] [illegible] [illegible] cap de Bonne Espérance, [illegible] [illegible] [illegible]

[illegible]

dans la dissert. de Thunberg sur les protea pl. 1. — et dans nos plantes [illegible], [illegible] pl. 30 fig. 1

La 3e espèce est le protea [illegible]. protea [illegible]. — protea foliis [illegible] [illegible], caule decumbente. Linn. syst. pl. edit. XIV. murray p. 136. Thunberg diss. de protea. n° [illegible] la tige de cette espèce est filiforme, [illegible], [illegible], un peu [illegible] glabre, [illegible], haute d'un pied; les rameaux sont au sommet des tiges [illegible] au nombre de 4; [illegible], semblables à la tige; les feuilles sont filiformes, [illegible] [illegible] une fois, [illegible] [illegible] [illegible] de la tige, droites, glabres, [illegible], digitées, plus longues que les entrenœuds; les [illegible] [illegible] sont opposées, semblables aux feuilles, un peu plus [illegible] que les [illegible] [illegible]; les petites têtes des fleurs sont terminales, [illegible] de la tige [illegible] rameaux, de la grosseur d'une [illegible] pois; les [illegible] [illegible] [illegible], glabres, aux écailles [illegible] aiguës, les écailles [illegible]. Cette plante [illegible] [illegible] au Cap de Bonne espérance, elle est représentée dans la dissert. sur les protea par Thunberg n° 1. pl. 2. — et dans nos plantes [illegible] [illegible] pl. 31. fig. 2.

La 4e espèce est le protea à bractées. protea bracteata. protea foliis filiformibus canaliculatis, capitulo terminali, bracteis multifidis. Thunberg dissert. des protea n° 24. Linn. Syst. veg. edit. XIV. murray 138. Leucadendron canaliculatum. Spec. plant. p. 134. Berg. act. Stockholm 1766 p. 3. Scolymocephalus africanus, foliis [illegible] [illegible]. [illegible] afric. 20. [illegible] [illegible]. 10. [illegible] [illegible] foliis angustissimis [illegible], [illegible] [illegible], [illegible] [illegible] lugd. B. 2 p. 163. Toute la plante est glabre, la racine est filiforme, descendante, un peu [illegible]; la tige est cylindrique, [illegible], [illegible], simple, plus [illegible] [illegible] [illegible] deux, [illegible], haute d'un pied; les feuilles sont filiformes, canaliculées, aiguës, [illegible], [illegible], longues de 3 pouces; les petites têtes des fleurs sont terminales, solitaires, de la grosseur d'une noix; [illegible] [illegible] [illegible], mais les [illegible] [illegible] [illegible] [illegible] de 3 [illegible] [illegible] [illegible] [illegible], [illegible], [illegible] [illegible]; les écailles [illegible] [illegible] [illegible], à 4 [illegible], [illegible] à 4 pans au sommet; les [illegible] [illegible] [illegible] glabres, [illegible] [illegible] [illegible] [illegible], blanches, plus [illegible] que les écailles. Cette plante est représentée dans la dissert. de Thunberg sur les protea n° 24. pl. 1. — et dans nos plantes [illegible] [illegible] pl. 32 fig. 1.

La 5e espèce est le protea prolifère. protea prolifera. protea foliis subulatis [illegible], caule prolifero. Thunb. diss. de protea n° 27. Linn. Syst. plant. edit. XIV. murray 138. La tige est [illegible], [illegible], [illegible] prolifère, haute d'un pied; les rameaux sont [illegible], [illegible] des feuilles, semblables à la tige; les feuilles sont [illegible] [illegible]

en forme d'alène, fourchues, imbriquées, glabres, de la longueur d'un ongle
les petites têtes de fleurs sont latérales, dans la division [illegible] sommités des
rameaux, de la grosseur d'un pois; elle a fleuri en août, [illegible]
[illegible], sur le [illegible] sur le bord des marges des [illegible],
elle est représentée dans les Dissert. de Thunberg sur les protea n° 27.
pl. 4. [illegible] plante [illegible] pl. [illegible] fig. 2
La [illegible] espèce est la protea [illegible] - protea [illegible]
[illegible] terminale [illegible]. Thunberg Diss. de protea n° 35. Linn.
Syst. veg. ed. XIV. [illegible] 139. La tige de cette espèce est cylindrique
droite, [illegible], [illegible] haute de 4 pieds; les rameaux sont cylindriques,
longs, simples, striés, feuillés, glabres; les feuilles sont sessiles, linéaires,
[illegible] insensiblement [illegible] par la partie inférieure, [illegible]
par la base, au sommet [illegible], entières, [illegible]
[illegible], [illegible], linéaires [illegible]
[illegible]; les petites têtes de
fleurs [illegible] terminales, solitaires, [illegible] de la grosseur d'une prune
[illegible]
[illegible]
[illegible]
[illegible]
[illegible]
[illegible]
[illegible]
[illegible]
[illegible]
[illegible]
[illegible]
[illegible] elle est représentée dans les Diss. de Thunberg sur les protea n° 34
pl. 4 [illegible] plante [illegible] pl. 43.
[illegible]
[illegible]
[illegible] Thunb. Diss. de protea n° [illegible]. Linn. Syst. veg.
[illegible]
ed. XIV. 140. [illegible]
[illegible] ed. XIV. p. 139. [illegible]
[illegible]
[illegible]
[illegible]
[illegible]
[illegible]
[illegible]
[illegible]
[illegible]
[illegible]
[illegible]
[illegible]
[illegible]
[illegible] Thunberg [illegible]
[illegible] pl. 34.
[illegible]
[illegible] Thunb. Diss. de protea. Thunb. n° 5.
[illegible]
Linn. Syst. veg. ed. XIV. p. 142. [illegible]
[illegible], simples, cylindriques, striés, [illegible]
[illegible]. Les feuilles sont alternes, sessiles, [illegible]
[illegible], [illegible], [illegible]
[illegible]
[illegible]

plus [illegible], les [illegible] des [illegible] fleurs [illegible] [illegible]
le [illegible] [illegible] [illegible] [illegible] [illegible]
plus [illegible] [illegible] [illegible] [illegible] [illegible] qui [illegible]
les [illegible] [illegible] [illegible] [illegible] sur les [illegible] de
[illegible] [illegible] [illegible] [illegible] [illegible] Rivière [illegible]
[illegible] [illegible] [illegible] [illegible] [illegible] dans les
[illegible] de Thunberg sur les protea pl. 5 [illegible] [illegible] [illegible]
[illegible] pl. 35.

La 5.e [illegible] [illegible] protea [illegible], protea [illegible], protea
[illegible] [illegible] [illegible]. Thunb. Dissert. de protea n.o 58.
[illegible] [illegible] [illegible] [illegible] [illegible] [illegible] [illegible]
[illegible] [illegible] [illegible] [illegible] 2, ou de 3, [illegible]
plus; les [illegible] [illegible] [illegible], [illegible], [illegible] [illegible]
[illegible] [illegible] [illegible] [illegible] [illegible] [illegible]
[illegible] [illegible] [illegible] [illegible] [illegible] [illegible]
[illegible]. les [illegible] [illegible] [illegible] [illegible]
[illegible], les [illegible] [illegible] [illegible] [illegible] 4 [illegible],
les [illegible] [illegible] [illegible] [illegible] [illegible] [illegible]
dans la Dissert. de Thunberg pl. 5 [illegible] [illegible] [illegible]
[illegible] pl. 36 fig. 1.

La 10.e [illegible] [illegible] protea [illegible], protea [illegible], protea [illegible]
[illegible] [illegible] [illegible] [illegible]. Thunb. de
protea n.o 45 [illegible] [illegible] [illegible] [illegible]
[illegible] [illegible] [illegible] [illegible] [illegible] [illegible]
[illegible] [illegible] [illegible] de 2 ou 3 [illegible]
[illegible] [illegible] [illegible] [illegible] [illegible] [illegible]
[illegible] [illegible] [illegible] [illegible] [illegible] [illegible]
[illegible] [illegible] [illegible] [illegible] [illegible] [illegible]
[illegible] [illegible] [illegible] [illegible] [illegible] [illegible]
[illegible] [illegible] [illegible] [illegible] [illegible] [illegible]
[illegible] [illegible] [illegible] [illegible] [illegible] [illegible]
[illegible] [illegible] [illegible] [illegible] [illegible] [illegible]
[illegible] [illegible] [illegible] [illegible] [illegible] dans la
Dissert. de Thunberg de protea pl. 4 [illegible] [illegible] [illegible]
[illegible] pl. 36. fig. 2.

La 11.e [illegible] [illegible] protea [illegible] protea [illegible]
protea [illegible] [illegible] [illegible], [illegible] [illegible] [illegible]
Lin. sp. plant. 136. Thunb. de protea n.o 23. La [illegible]
[illegible] [illegible] [illegible] [illegible] [illegible] [illegible]
[illegible] 3 [illegible], les [illegible] [illegible] [illegible] [illegible]
[illegible] [illegible] [illegible] [illegible] [illegible] [illegible]
[illegible]. les [illegible] [illegible] [illegible] [illegible] [illegible]
[illegible] [illegible] [illegible] [illegible] [illegible] [illegible]
de [illegible] [illegible] [illegible] [illegible] [illegible] [illegible]
[illegible] [illegible] [illegible] [illegible] [illegible] [illegible] [illegible]
[illegible] [illegible] [illegible] [illegible] [illegible] [illegible]
[illegible] [illegible] [illegible] [illegible] dans la Dissert. de Thunberg
[illegible] [illegible] [illegible] [illegible] [illegible]
[illegible] protea n.o 2. [illegible] [illegible] [illegible] [illegible]
pl. [illegible] [illegible] [illegible] [illegible] [illegible] F. 1.
La [illegible] [illegible] [illegible] [illegible] protea [illegible]
La 12.e [illegible] [illegible] protea [illegible] protea [illegible]
protea [illegible] [illegible] [illegible] [illegible] [illegible]
[illegible] [illegible] Lin. [illegible] [illegible] XIV. [illegible] 137. Thunberg
[illegible] [illegible] [illegible] [illegible]
Diss. de protea n.o 26. [illegible] [illegible] [illegible]
[illegible] 1766 pl. 325

Stoebe [illegible] pl. 325. [illegible] 21. Toute la plante [illegible] glabre. la tige [illegible] [illegible]

[illegible] pl. 2 [illegible] Thunberg [illegible] pl. 36. fig. 1.

La 13e espèce [illegible] protea [illegible] protea foliis [illegible] Calycantes [illegible] Thunb. [illegible]

n° 33. [illegible] Diss. XIX. [illegible] 189. Toute la plante [illegible] glabre, la tige [illegible] [illegible]

[illegible] plate Roof. [illegible] Thunberg [illegible] pl. 2 [illegible] pl. 36. fig. 2

La 14e [illegible] protea linearis. protea foliis [illegible] Thunberg. Diss. XIX. [illegible] pag. 189. [illegible] n° 3 [illegible] la tige [illegible] [illegible] Thunberg pl. 3e [illegible] pl. 39.

[illegible] protea [illegible] protea foliis [illegible] Thunb. [illegible] n° 22. [illegible] Diss. XIX. [illegible] 134. La tige [illegible]

ramassé, haute d'un pied au moins plus ; les [illegible] d'une [illegible]
[illegible], effilés, longs d'un pouce ; les [illegible] des autres
[illegible], [illegible], [illegible], [illegible], [illegible],
les [illegible] 4 [illegible] 3 ou 4 [illegible].
Dans [illegible]
la [illegible], [illegible]
manière ; [illegible] -

Dissertation

Sur le mauve Cacao,

Connu par les Botanistes sous le nom d'[illegible]

[illegible]

Le mauve Cacao, l'[illegible], [illegible] [illegible], [illegible] [illegible] [illegible] [illegible] [illegible] [illegible] [illegible] [illegible] [illegible] Chatons [illegible] [illegible] [illegible] [illegible] [illegible] [illegible] [illegible] [illegible] [illegible] [illegible], [illegible] [illegible] [illegible] [illegible] [illegible], à 2 [illegible] [illegible], [illegible], [illegible] [illegible] [illegible] [illegible] [illegible] [illegible] [illegible] [illegible] [illegible] [illegible] [illegible] [illegible] [illegible] [illegible] [illegible] [illegible] [illegible] 2 [illegible] 2 [illegible] 3 [illegible] [illegible] [illegible] [illegible] [illegible] [illegible] [illegible] [illegible] [illegible] [illegible] [illegible] [illegible] [illegible] [illegible] [illegible] à 12 [illegible], à 12 [illegible], [illegible] [illegible] [illegible] [illegible] [illegible] [illegible] [illegible] [illegible] [illegible] [illegible]

[illegible] [illegible] [illegible] [illegible] [illegible] [illegible] [illegible] [illegible] [illegible] plante [illegible] [illegible] [illegible] [illegible] [illegible] [illegible] [illegible] [illegible] [illegible] [illegible] 1431. [illegible] 486. [illegible] [illegible] [illegible] [illegible] [illegible] [illegible] [illegible] 131 232. [illegible] [illegible] [illegible] 34. 35. [illegible] [illegible] 12. [illegible] [illegible] [illegible] [illegible] [illegible] [illegible] [illegible] 351. [illegible] et plurimis [illegible] [illegible] [illegible] [illegible] 1. 383. [illegible] 214. [illegible] [illegible] [illegible] 48. [illegible] et [illegible] [illegible] [illegible] [illegible] 47. [illegible] [illegible] [illegible]

[illegible] [illegible] [illegible] 14 à 16 pieds; [illegible] pl. 66. [illegible] pl. 14. [illegible] [illegible] pl. 34 et 35, [illegible] [illegible] [illegible] [illegible] pl. 45 et dans [illegible] [illegible] plantes nouvellement [illegible] T. 2. pl. 140

T. 2. p. 140. il croit [illegible] dans les [illegible] [illegible]

[illegible], dans les [illegible]

[illegible]

[illegible]

[illegible]

Table

des Dissertations

des T. 1. 2. 3. et 4.

du [illegible]

T. 1.

Dissertation servant de préface, ou de prospectus sur une nouvelle [illegible] sur l'histoire generale des plantes.

Dissert. II. Sur le Tabac, [illegible]

Dissert. III. Sur la [illegible] et ses propriétés medicinales [illegible]

Dissert. IV. Sur le cacao, sur sa culture et les differentes preparations [illegible] chocolat

Dissert. V. Sur l'[illegible], espece de poison subtil, [illegible] pour empoisonner les fleches.

Dissert. VI. Sur le Caffé, sa culture, ses differentes proprietés [illegible] alimentaires, que medicinales.

Dissert. VII. Sur le [illegible] nouveau genre de plantes, [illegible]

Dissert. VIII. Sur [illegible] de leur profession.

Dissert. IX. Sur les lagerstroemia, une des plus belles plantes, [illegible]

Dissert. X. Sur les [illegible], leurs propriétés medicinales [illegible] genre des plantes.

Dissert. XI. Sur le [illegible] de St Domingue, [illegible]

Dissert. XII. Sur les [illegible] propriétés [illegible]

Dissert. XIII. Sur les [illegible]

Dissert. XIV. Sur la [illegible] plus [illegible]

Dissert. XV. Sur les [illegible]

Dissert. XVI. Sur les [illegible] propriétés [illegible]

Dissert. XVII. Sur un nouveau genre de plantes, [illegible]

Dissert. XVIII. Sur le [illegible] ses differentes [illegible] propriétés alimentaires et medicinales.

Dissert. XIX. Sur la [illegible]

Dissert. XX. Sur l'[illegible] propriétés [illegible]

Dissert. XXI. [illegible]

Tome II.

Dissert. XXII. Sur [illegible] des plantes [illegible]

Dissert. XXIII. Sur les quinquinas, les [illegible], les différentes espèces, leur analyse chymique, les propriétés médicinales, les différentes plantes propres à les remplacer et spécialement sur les [illegible] [illegible] de quinquina qu'on trouve dans les [illegible].

Dissert. XXIV. Dissertation sur les [illegible] et les poirées, leurs différentes variétés, leur culture, leurs propriétés comme aliment pour l'homme et les bestiaux et la méthode d'en tirer un sucre propre à remplacer le vrai sucre.

Dissert. XXV. Sur une nouvelle espèce de sainfoin, dans les [illegible] [illegible] [illegible] [illegible] [illegible]

Dissert. XXVI. Sur la [illegible], grande [illegible], découverte par M. le [illegible] qui lui a donné le nom, et [illegible] dans [illegible] [illegible], comme un [illegible] [illegible] [illegible] comme spécifique contre la dyssenterie.

Dissert. XXVII. Sur l'arbre [illegible] [illegible] [illegible] nécessité pour [illegible] un grand nombre d'[illegible], et qui mérite d'être cultivé dans nos colonies.

Dissert. XXVIII. Sur l'[illegible], une petite [illegible] découverte par [illegible] comme spécifique contre les [illegible], les [illegible] et la [illegible].

Dissert. XXIX. Sur les [illegible] [illegible] [illegible] les plus utiles de l'[illegible], tant comme alimentaires comme médicaments, et dignes d'être [illegible] dans nos colonies d'Amérique.

Dissert. XXX. Sur une [illegible] [illegible] de plantes qu'on [illegible] [illegible] [illegible] [illegible] [illegible] le nom de [illegible].

Dissert. XXXI. Sur [illegible] [illegible] [illegible] [illegible], [illegible] les [illegible] qui [illegible] dans les [illegible] des [illegible], les [illegible] qui [illegible] [illegible] [illegible].

Dissert. XXXII. Sur [illegible] [illegible] des [illegible], qui nous [illegible] des [illegible] qui [illegible] [illegible] [illegible] [illegible] [illegible] [illegible] pour [illegible] [illegible] en 1777, propre à [illegible] la [illegible] [illegible] jardins [illegible].

Dissert. XXXIII. Sur les [illegible] des [illegible], [illegible] [illegible] [illegible] propriétés alimentaires pour l'homme et comme [illegible] pour les bestiaux.

Dissert. XXXIV. Sur les plantes [illegible], leurs différentes espèces et principalement sur les plantes [illegible] [illegible] sur leur culture, et leurs propriétés alimentaires, [illegible] médicinales et économiques.

Dissert. XXXV. Sur les [illegible] des [illegible], sur les [illegible] de les cultiver en France et sur l'utilité qu'on en pourroit tirer pour l'ornement des jardins, [illegible] pour leur emploi dans les arts.

Dissert. XXXVI. Sur la [illegible] [illegible], [illegible] comme spécifique dans les fièvres [illegible], [illegible] à remplacer le quinquina.

Dissert. XXXVII. Sur les violettes, les propriétés pour la médecine et les arts, spécialement pour remplacer l'[illegible], [illegible] pour l'ornement des jardins et sur les [illegible] [illegible] des violettes, [illegible] [illegible] pour [illegible] spécifique contre la [illegible] [illegible].

Dissert. XXXVIII. Sur les [illegible], leur culture et [illegible] [illegible] [illegible] [illegible], les [illegible] des [illegible] [illegible] sur l'utilité qu'on [illegible] [illegible] pour les [illegible] et pour [illegible] d'autres usages économiques.

Dissert. XXXIX. Sur les [illegible] des [illegible], les [illegible] de [illegible] dans différentes maladies, spécialement dans les [illegible] des [illegible] et les maladies [illegible] et sur leur analyse chymique.

Dissert. XL. Sur l'[illegible], ses différentes espèces, leur analyse chymique, ses propriétés alimentaires, médicinales, [illegible] [illegible] pour les jardins et sur les [illegible] superstitieuses [illegible] [illegible] [illegible] [illegible] [illegible] comme [illegible] des [illegible].

Dissert. XLI. Sur [illegible] [illegible] [illegible] des [illegible] [illegible] principalement [illegible] [illegible] espèces, pour les [illegible] des [illegible], qui [illegible] [illegible] [illegible] [illegible], et sur ses propriétés médicinales.

Dissert. XLII. Sur le [illegible] de l'Inde, [illegible] par [illegible]
pris les [illegible] de [illegible] [illegible], [illegible]
[illegible] qui [illegible] dans les différentes préparations [illegible]
du pays [illegible] ses propriétés médicales et économiques.

Dissert. XLIII. Sur le [illegible], arbre des [illegible], qui [illegible]
[illegible] qui [illegible]

Tome III.

Dissert. XLIV. Sur une graine des [illegible], espèce nouvelle, [illegible]
par M. Thunberg, [illegible] d'un nouveau genre, [illegible]
M. [illegible], [illegible] dans la [illegible]
chaude du jardin [illegible], dans les [illegible], [illegible]
[illegible] l'Afrique [illegible] de [illegible], [illegible]
[illegible] les [illegible].

Dissert. XLV. Sur [illegible] [illegible] sur ses propriétés médicinales [illegible]
[illegible] pour les [illegible] de la médecine de [illegible].

Dissert. XLVI. Sur les vignes, leur culture, leurs maladies, les propriétés médicinales
[illegible] du raisin, sur les vins, les différentes manières de
le faire, sur le [illegible], le vinaigre [illegible].

Dissert. XLVII. Sur l'[illegible], les différentes espèces, ses propriétés médicinales
sur les [illegible] des [illegible] [illegible]
[illegible], [illegible].

Dissert. XLVIII. Sur les [illegible] [illegible] [illegible]
[illegible] par M. [illegible], [illegible] de M. de la [illegible]
[illegible].

Dissert. XLIX. Sur [illegible] des [illegible] [illegible]
[illegible] par les [illegible], qui [illegible], [illegible]
[illegible].

Dissert. L. [illegible] en forme de supplément sur une plante [illegible]
que nous avons appelé en 1785 la [illegible].

Dissert. LI. Sur une nouvelle espèce [illegible], [illegible]
[illegible] dans le jardin royal des [illegible], [illegible]
[illegible] [illegible] la [illegible]
[illegible] de [illegible].

Dissert. LII. en forme de supplément sur une plante que nous avons
nommée en 1784, la [illegible].

Dissert. LIII. Sur une nouvelle genre de [illegible] auquel nous avons
donné en 1783, le nom de [illegible].

Dissert. LIII. en forme de supplément sur la [illegible]
[illegible] [illegible] le nom de [illegible] plante, en
[illegible] CXXI. de la [illegible]
insérée dans les [illegible]
1787.

Dissert. LIV. Sur l'[illegible], [illegible] qui [illegible]
[illegible], par [illegible] de [illegible]

Dissert. LV. [illegible] en forme de supplément [illegible] du café, sur
son analyse chimique [illegible] sur l'usage médicinal du café [illegible]
[illegible].

Dissert. LVI. Sur deux différentes espèces [illegible], [illegible]
découvertes dans l'isle de [illegible] [illegible] la [illegible]
[illegible] [illegible] les [illegible].

Dissert. LVII. Sur deux nouvelles espèces de quinquina, [illegible]
[illegible] [illegible] du genre, [illegible]
quinquina.

Dissert. LVIII. Sur un grand arbre [illegible], auquel nous avons
donné le nom d'[illegible], sur sa culture, ses propriétés économiques
[illegible].

Dissert. LIX. Sur le [illegible] ses différentes espèces, [illegible]
Sur le [illegible]

Dissert. LXX. Sur les [illegible], genre nouveau, qui [illegible] pour la [illegible] en 1777.

Dissert. LXXI. Sur le genre des [illegible] et sur ses différentes espèces principalement sur celles qui [illegible] [illegible], [illegible] par les propriétés pour [illegible] la fièvre [illegible].

Dissert. LXXII. Sur un nouveau genre des plantes, publié par M. Dannecker auquel [illegible] le nom de Villemoria.

Dissert. LXXIII. Sur la digitale pourprée et sur les propriétés médicinales de cette plante, principalement sur celles qui [illegible] depuis peu pour guérir l'hydropisie.

Dissert. LXXIV. Sur une nouvelle espèce d'helminthe, qu'on nomme [illegible] les [illegible], et qui diffère des autres espèces [illegible] capillaire ou [illegible].

Dissert. LXXV. Sur le Toxicodendron, et ses propriétés [illegible] depuis peu [illegible] les dartres, les affections [illegible] et la paralysie des parties [illegible].

Tome IV.

Dissert. LXXVI. Sur les Bois, ses différentes espèces, principalement sur celui de [illegible]: sur ses [illegible] et ses propriétés [illegible] [illegible].

Dissert. LXXVII. Sur deux nouvelles espèces [illegible] [illegible], et qui [illegible] les [illegible] [illegible].

Dissert. LXXVIII. Sur [illegible], leurs différentes espèces, [illegible] les propriétés [illegible], [illegible] sur les [illegible] propriétés [illegible] [illegible] pour guérir [illegible] [illegible].

Dissert. LXXIX. Sur [illegible] et sur ses [illegible].

Dissert. LXXX. [illegible] sur [illegible], [illegible] [illegible] [illegible] propriétés [illegible].

Dissert. LXXXI. [illegible] sur une plante [illegible], [illegible] pour remplacer [illegible] dans les [illegible], [illegible] [illegible] pour les [illegible] [illegible] [illegible], sur leur [illegible].

Dissert. LXXXII. [illegible] dans les [illegible] pour remplacer le [illegible].

Dissert. LXXXIII. Sur le Châtaignier d'Inde, ses propriétés médicinales [illegible] [illegible] [illegible].

Dissert. LXXXIV. [illegible] sur les [illegible], [illegible] principalement [illegible] pour la guérison des [illegible] [illegible].

Dissert. LXXXV. Sur les [illegible], [illegible], ses propriétés [illegible] les [illegible], [illegible] principalement pour [illegible] [illegible] les [illegible].

Dissert. LXXXVI. Sur l'[illegible], ses propriétés pour [illegible], qui [illegible], les [illegible] qui [illegible] [illegible] pour les [illegible] [illegible] [illegible] pour guérir les gangrènes, sur l'[illegible] [illegible] pour [illegible], les [illegible] et sur l'[illegible] [illegible] animales.

Dissert. LXXXVII. [illegible] supplément sur les [illegible].

Dissert. LXXXVIII. Sur l'[illegible], ses différentes espèces, principalement [illegible] [illegible], sur celles qu'on nomme [illegible], les propriétés médicinales, économiques et [illegible].

Dissert. LXXXIX. Sur les [illegible], [illegible] pour [illegible] remplacer le [illegible] [illegible] par M. [illegible], dans les [illegible] pour [illegible] Blé pour faire le pain.

Dissert. LXXX. Sur les vertus [illegible] pour les
dyssenteries et sur les vertus du pays, [illegible]
substitués, pour servir de supplément [illegible]
sur ces plantes.
Dissert. LXXXI. Sur les oseilles, les différentes espèces, leurs
synonymies [illegible]
Dissert. LXXXII. Sur une nouvelle espèce de [illegible]
nous avons donné le nom de [illegible]
différentes propriétés.
Dissert. LXXXIII. Sur deux espèces de [illegible]
médicinales [illegible]
Dissert. LXXXIV. Sur [illegible] les différentes espèces, leurs [illegible]
les [illegible] des leurs [illegible] et leurs différentes
propriétés.
Dissert. LXXXV. et formant des supplémens [illegible] qui ne peut
au sujet des [illegible]
Dissert. LXXXVI. Sur les espèces de l'Amérique [illegible]
Dissert. LXXXVII. Sur l'arbre [illegible]
antihelmintiques.
Dissert. LXXXVIII. Sur [illegible]
Dissert. LXXXIX. Sur l'amaranthe [illegible], qui mérite d'être
cultivée par préférence pour la beauté des fleurs.
Dissert. XC. Sur l'acanthe, ses espèces, leur culture et
leurs propriétés médicinales et économiques.
Dissert. XCI. Sur les [illegible] remarquables par la beauté
des fleurs.
Dissert. XCII. Sur l'héliotrope [illegible], propre à
orner nos jardins par la jolie odeur que ses fleurs [illegible]
Dissert. XCIII. Sur les [illegible] connus plus communément sous le
nom de rhododendrons, les différentes espèces, leur culture
et leurs propriétés, principalement comme ornement des jardins
Dissert. XCIV. Sur un arbrisseau de la Chine et du Japon,
connu sous le nom d'hortensia, dont nous avons donné la
la figure en 1786 [illegible] la beauté de ses fleurs,
sa culture et sur les [illegible]
propre [illegible] d'ornement dans les jardins.
Dissert. XCV. Sur les [illegible], les propriétés économiques,
alimentaires et médicinales.
Dissert. XCVI. Sur une nouvelle espèce de [illegible]
en 177[illegible] [illegible] publié [illegible] en 1772
Dissert. XCVII. Sur un nouveau genre de plantes auquel on a donné
le nom [illegible] d'Hudsonia.
Dissert. XCVIII. et formant des supplémens sur les différentes [illegible]
[illegible] pour l'isle de Ceylan.
Dissert. XCIX. Sur les [illegible] de l'isle de Minorque.
Dissert. C. Sur les polygala, les différentes espèces et leurs propriétés
pour les [illegible] pulmonaires et les [illegible].
Dissert. CI. Sur [illegible] plante [illegible]
Dissert. CII. Sur les [illegible] de l'Arabie connus dans les jardins sous
le nom de [illegible], sur leur culture et les propriétés médicinales
et économiques.
Dissert. CIII. Sur l'[illegible] remarquable par la beauté de ses
fleurs pour orner les [illegible] et sur sa culture.

Dissert. C[illegible]. Sur [illegible] Differents [illegible]

[illegible]

Dissert. C[illegible]. Sur [illegible] ainsi nommée [illegible]

[illegible]

Dissert. C[illegible]. Sur les [illegible]

Dissert. C[illegible]. Sur [illegible] nouvelle [illegible]

[illegible]

Dissert. C[illegible]. Sur [illegible]

[illegible]

[…]OTHEQUE RO[…] I

Dissertation

Sur les valeurs de la [illegible]

connue dans l'Empire sous le nom de

Schachabab

Les [illegible] de la Chine ne [illegible] dans le [illegible] [illegible], les feuilles [illegible], [illegible] de deux [illegible] [illegible] [illegible] [illegible] glabres ; les fleurs [illegible] les [illegible] de leur [illegible] [illegible], [illegible] [illegible], les fleurs [illegible], [illegible] [illegible] de [illegible] [illegible] [illegible] [illegible] [illegible], les [illegible] [illegible] [illegible] [illegible], les [illegible] [illegible] [illegible] [illegible] [illegible]. Les [illegible] [illegible], [illegible] [illegible] [illegible] [illegible] ; le style [illegible], plein [illegible], le stigmate [illegible] avec le [illegible] des styles, nous [illegible] [illegible] le fond de [illegible] [illegible] [illegible] [illegible] [illegible] [illegible] [illegible] [illegible] [illegible] [illegible], [illegible], qui ne [illegible] que quelques [illegible], [illegible] [illegible] [illegible] [illegible] [illegible], il [illegible] [illegible] [illegible] [illegible] [illegible] [illegible] [illegible] [illegible] [illegible] [illegible] [illegible] de la Chine, il y a [illegible] sous le nom de Schachabab ; je [illegible] [illegible] dans nos plantes [illegible] [illegible] pl. 22.

BIBLIOTHEQUE ROYALE
I

www.ingramcontent.com/pod-product-compliance
Lightning Source LLC
LaVergne TN
LVHW051059200726
843508LV00001B/407

* 9 7 8 2 3 2 9 8 1 3 7 9 0 *